两美浙江:地方环境法治的先行与推进

钭晓东　曹可亮 著

浙江工商大学出版社
ZHEJIANG GONGSHANG UNIVERSITY PRESS

图书在版编目(CIP)数据

两美浙江：地方环境法治的先行与推进 / 钭晓东，曹可亮著. —杭州：浙江工商大学出版社，2016.1(2017.3 重印)
(法治浙江丛书)
ISBN 978-7-5178-1455-9

Ⅰ. ①两… Ⅱ. ①钭… ②曹… Ⅲ. ①环境保护法－研究－浙江省 Ⅳ. ①D927.550.268.4

中国版本图书馆 CIP 数据核字(2015)第 306101 号

两美浙江：地方环境法治的先行与推进
钭晓东　曹可亮　著

出 品 人　鲍观明
责任编辑　王黎明
封面设计　许寅华
责任印制　包建辉
出版发行　浙江工商大学出版社
(杭州市教工路 198 号　邮政编码 310012)
(E-mail:zjgsupress@163.com)
(网址:http://www.zjgsupress.com)
电话:0571－88904980,88831806(传真)
排　　版　杭州朝曦图文设计有限公司
印　　刷　虎彩印艺股份有限公司
开　　本　880mm×1230mm　1/32
印　　张　6
字　　数　162 千
版 印 次　2016 年 1 月第 1 版　2017 年 3 月第 2 次印刷
书　　号　ISBN 978-7-5178-1455-9
定　　价　28.00 元

浙江工商大学出版社营销部邮购电话　0571-88904970

《“法治浙江”丛书》编委会

序　言

党的十八届四中全会通过的《关于全面推进依法治国若干问题的决定》明确提出全面推进依法治国的总目标，即建设中国特色社会主义法治体系，建设社会主义法治国家。习近平总书记指出："提出这个总目标，既明确了全面推进依法治国的性质和方向，又突出了全面推进依法治国的工作重点和总抓手。"法治成为政府治理、国家治理、社会治理的根本手段，同时法治又是人类共同追求的崇高理想目标。

中外历史经验表明，在国家法治建设的进程中，难免会遭遇种种困难，理论的争锋、观念的冲突、旧制度的阻挡，以及利益的再分配，都会使法治建设的推进不是一条坦途大道。推行法治者不但需要义无反顾的壮烈情怀，还需要一往无前的探索勇气。

苏力教授在《法治及其本土资源》一书中说："真正能得到有效贯彻执行的法律恰恰是那些与通行的习惯、惯例相一致或相近的规定。"确实，实现法治的基本要求便是法律的有效执行，要使其融入民众的生活，就必须充分利用本土资源。这便是说，法治之路离不开地方性的探索与实践。

浙江是改革开放的先行者和排头兵，是中国经济社会发展最具有活力的省份之一，而且在法治建设方面浙江也一直敢立潮头，勇于实践。

2003 年 8 月起，在时任省委书记习近平的推动下，浙江省实行领导干部下访制度，变群众上访为领导下访，成为"法治浙江"建设的重要载体。2005 年，省委十一届九次全会，通过《中共浙江省委关于制定浙江省国民经济和社会发展第十一个五年规划的建议》，明确提出要"以推进'法治浙江'建设为载体，努力建设民主健全、法治完备、公共权力运行规范、公民权利切实保障的法治社会”。2006年，省委十一届十次全体（扩大）会议，又审议通过《中共浙江省委关于建设“法治浙江”的决定》。会议指出，省委提出并推进“法治浙江”建设，是根据中央的决策部署，对浙江现代化建设总体布局的进一步完善。2014年12月4日，省委十三届六次全会通过了《关于全面深化法治浙江建设的决定》，浙江进入了法治建设的快车道。

自习近平同志在浙江省提出“法治建设”决策近10年来，全省各地、各部门扎实推进“法治浙江”建设，依法执政水平明显提高，科学立法、严格执法、公正司法、全民守法等各方面均取得显著成效，走出了一条经济发达地区法治先行先试的新路子。今天，站在新的历史起点上，面对新的形势任务，浙江人民在浙江省委的领导下，乘势而上，浙江省委就全面深化“法治浙江”建设做出新的部署，明确了“路线图”，确定了“时间表”，全面推进“法治浙江”建设正向纵深发展。

宁波大学法学院的老师们受浙江省社会科学界联合会的委托，着手撰写“‘法治浙江’丛书”，旨在探寻“法治浙江”建设的曲折历程，展示“法治浙江”建设的丰富内容，揭示“法治浙江”建设的基本规律，总结“法治浙江”建设的成功经验与发展障碍，谋划“法治浙江”建设的新思路、新方案、新路径。

经过近一年酝酿策划、调研讨论和分工撰写，代表这一研究成果的十一个课题成果以丛书形式呈献给读者。相信这套丛书的出版，能让全国乃至世界了解“法治浙江”建设成果，同时也希望能够引起浙江乃至全国法学界、法律界人士总结“法治浙江”的经验，思考“法治浙江”的未来趋势，与我们一起共同把这一个课题做得更好、更深。

是为序。

沈满洪

2015年11月5日

注：作者为宁波大学校长

前言

两美浙江：天蓝·水清·山绿·地净

一、从“绿色浙江”到“两美浙江”

浙江省委十三届五次全会做出了“建设美丽浙江、创造美好生活”的决定，创建“两美”将成为新时期浙江现代化建设的主题，这是浙江人民实施“美丽中国战略”的生动实践。在中华民族的伟大复兴历程中，“干在实处，走在前列”的浙江人民努力实施“八八战略”，从“绿色浙江”迈向“两美浙江”，演绎着实现中国梦的浙江样本。

“两美浙江”战略是“绿色浙江”战略的深化和提升。现代化的浙江只有从物质精神上的丰富性充裕性，进一步展现为自然环境、人文环境、生产方式、生活方式和生活状态的美丽形态美好状态时，才算真正实现。让全体浙江人民生存在天蓝、水清、山绿、地净的自然环境中，生存在富饶秀美、和谐安康、人文昌盛、宜业宜居的社会环境中，过上美好幸福的生活，这就是“两美”的实质核心和根本目标，这也是现代化浙江的实质核心和根本目标。

“建设美丽浙江、创造美好生活”这一战略部署，一方面是我省深入贯彻落实党的十八大、十八届三中全会和习近平总书记系列重要讲话精神的重大部署，是建设美丽中国、不断满足人民对美好生活向往、实现人民幸福的中国梦的重大举措；另一方面也是提升浙江全面建成小康社会水平、建设物质富裕精神富有现代化浙江的重要内容。

从“绿色浙江”到“两美浙江”的进程，充分体现了浙江人民通过自己的创业创新实践，不断实现“富”“美”现代化目标理想的发展进程，体现了浙江现代化理想目标成功从“两富”到“两美”的不断全面深化的实现进程，体现了浙江在建设美丽中国、实现中国梦的“富”“强”“美”的进程中继续走在前列的坚实步伐。同时，这也标志着建设现代化浙江已经达到了一个新水平，标志着浙江省委深化三大规律的认识实践开拓了一个新境界。

二、两美浙江的双重内涵及环境法治保障

（一）两美浙江的双重内涵

建设美丽浙江、创造美好生活的总体要求是，坚持以邓小平理论、“三个代表”重要思想、科学发展观为指导，认真贯彻党的十八大、十八届三中全会和习近平总书记系列重要讲话精神，深入实施“八八战略”，围绕干好“一三五”、实现“四翻番”目标，坚持生态省建设方略，把生态文明建设融入经济建设、政治建设、文化建设、社会建设各个方面和全过程，全面深化改革，加快经济转型升级，着力优化空间结构，改善生态人居环境，加强生态安全和资源安全，培育弘扬生态文化，强化法治制度保障，形成人口、资源、环境协调和可持续发展的空间格局、产业结构、生产方式、生活方式，努力实现天蓝、水清、山绿、地净，建设富饶秀美、和谐安康、人文昌盛、宜业宜居的美丽浙江。“建设美丽浙江”和“创造美好生活”是“两美浙江”的双重内涵。“建设美丽浙江”就是要努力实现“天蓝、水清、山绿、地净”的自然之美和“富饶秀美、和谐安康、人文昌盛、宜业宜居”的社会之美。“创造美好生活”就是努力让全体浙江人民生存在天蓝、水清、山绿、地净的自然环境中，生存在富饶秀美、和谐安康、人文昌盛、宜业宜居的社会环境中，过上美好幸福的生活，这就是“两美”的实质核心和根本目标，这也是现代化浙江的实质核心和根本目标。

（二）两美浙江的环境法治保障

“两美浙江”的核心是生态文明。根据我省环境法治发展的阶段性困境，同时斟酌域外发达国家生态法制建设的经验，要在新形

势下切实推进两美浙江建设，需要从立法、执法、司法、守法等多个层面着力改良环境法治，进一步健全我省生态文明建设的法律保障机制。

在当前“法治中国、美丽中国、生态文明”等一系列重要国家推进战略进程中，浙江作为一个“先发地区”，其区域可持续发展及环境经济协调平衡的理论与实践，必将成为国家生态文明推进战略及其建设路径探索的“先行先试者”。其中的成功经验，即使是暂时的教训与不足，必将成为我国地方环境法治理论与实践的重要财富。浙江作为“先行先试者”，“试错与示范”是生态文明时代赋予“高品质、高层次、可持续”浙江区域发展的历史使命！

作　者

2015年12月

目　录

第一章　五水共治："水清战略"之环境法治保障

第一节　浙江水污染现状

浙江是一个水资源小省，据统计，2009—2013 年 5 年水资源总量平均约 1000 亿立方米，人均水资源 1760 立方米，为全国人均水平的 80%，世界人均水平的 25%，逼近世界缺水警戒线（人均水资源量少于 1700 立方米）。浙江也是一个废水排放大省，大量的废水排放导致水环境污染。2015 年 8 月 31 日浙江省环境保护厅发布了《关于 2015 年 1－7 月份浙江省大气环境质量（PM2.5）和水环境质量情况的通报》。根据该《通报》，浙江水污染现状可概括为如下：

一、跨行政区域河流交接断面水环境质量情况

2015 年 5 月，全省 145 个跨行政区域河流交接断面中，Ⅰ～Ⅲ类水质断面 109 个，占 75.2%；Ⅳ类 24 个，占 16.6%；Ⅴ类 4 个，占 2.8%；劣Ⅴ类 8 个，占 5.5%。满足功能要求的断面 109 个，达标率为 75.2%。

2015 年 1～5 月，全省 145 个跨行政区域河流交接断面中，Ⅰ～Ⅲ类水质断面 97 个，占 66.9%；Ⅳ类 24 个，占 16.6%；Ⅴ类 14 个，占 9.7%；劣Ⅴ类 10 个，占 6.9%。满足功能要求的断面 97 个，达标率为 66.9%。与上年同比，Ⅰ～Ⅲ类水质断面比例上升 8.3 个百分点，劣Ⅴ类水质断面比例下降 14.5 个百分点；达标断面比例上升 9.7 个百分点。

11个设区市交接断面水质达标率范围为14.3%～100%，按从高到低降序排列(达标率相同情况下按行政区划排序)依次为：绍兴(100%)、衢州(100%)、舟山(100%)、丽水(100%)、湖州(89.5%)、温州(75.0%)、金华(75.0%)、宁波(66.7%)、台州(66.7%)、杭州(57.9%)和嘉兴(14.3%)。与上年同期相比，水质达标率上升的有杭州市、嘉兴市、湖州市、金华市、衢州市；下降的有温州市和台州市；其余持平。2015年1～7月各设区市交接断面水质状况见表1-1。

嘉兴市水质为Ⅲ～劣Ⅴ类，其中Ⅲ类水质断面4个，占14.3%，劣Ⅴ类1个，占3.6%。与上年同期相比，Ⅲ类水质断面比例上升3.6个百分点，劣Ⅴ类下降53.5个百分点。

表1-1　2015年1～7月各设区市交接断面水质状况

设区市	2015年监测断面个数(个)	达标率(%)	
		2015年1—7月	2014年1—7月
杭州市	19	57.9	47.4
宁波市	6	66.7	66.7
温州市	12	75.0	83.3
嘉兴市	28	14.3	10.7
湖州市	19	89.5	84.2
绍兴市	7	100	100
金华市	20	75.0	65.0
衢州市	5	100	80.0
舟山市	3	100	100
台州市	12	66.7	83.3
丽水市	14	100	100

二、地表水劣Ⅴ类水质断面水质状况

2015年1～5月，全省221个省控断面中，劣Ⅴ类断面19个，占8.6%。主要分布在平原河网(14个)、椒江(1个)、鳌江(1个)、南湖(1个)、独流入海与海岛河流(1个)和浙闽交界水系(1个)。与2014年同比，劣Ⅴ类断面个数减少21个(2014年1～5月为40个)。2014年相比，劣Ⅴ类断面个数减少4个(2014年为23个)，其中劣Ⅴ类转为非劣Ⅴ类的断面7个，非劣Ⅴ类转为劣Ⅴ类的断面3个。2015年1～7月劣Ⅴ类水质断面的具体情况见表1-2。

表1-2 2015年1～7月劣Ⅴ类水质断面汇总

水系名称	河流名称	断面名称	所在区县	功能类别	2015年1—7月	2014年1—7月	同比变化(%)	
							氨氮	总磷
椒江	永宁江	江口*	黄岩区	Ⅲ	劣Ⅴ	劣Ⅴ	+9.0	+5.4
鳌江	干流	江屿*	平阳县	Ⅳ	劣Ⅴ	劣Ⅴ	−2.0	+8.4
运河	杭州段	义桥	杭州市	Ⅲ	劣Ⅴ	劣Ⅴ	−3.0	−19.7
杭嘉湖平原河网	上塘河	半山桥*	杭州市	Ⅳ	劣Ⅴ	劣Ⅴ	−48.9	−50.5
萧绍平原河网	萧绍运河	萧山出口*	萧山区	Ⅲ	劣Ⅴ	劣Ⅴ	−35.8	−3.9

续 表

水系名称	河流名称	断面名称	所在区县	功能类别	2015年1—7月	2014年1—7月	同比变化(%)	
							氨氮	总磷
台州平原河网	金清水系	栅浦闸*	椒江区	Ⅲ	劣Ⅴ	劣Ⅴ	+56.6	+47.5
		岩头闸*	椒江区	Ⅳ	劣Ⅴ	劣Ⅴ	+65.5	+59.5
		下里桥*	路桥区	Ⅲ	劣Ⅴ	劣Ⅴ	+63.8	−2.3
		三桥埠头*	路桥区	Ⅳ	劣Ⅴ	劣Ⅴ	+31.0	−0.5
		新河*	温岭市	Ⅲ	劣Ⅴ	劣Ⅴ	+56.4	+0.7
		金清新闸*	路桥区	Ⅳ	劣Ⅴ	劣Ⅴ	+33.9	+14.5
	永宁江	朱砂堆*	黄岩区	Ⅲ	劣Ⅴ	劣Ⅴ	+26.1	+103.8
温州平原河网	温瑞塘河	东水厂*	鹿城区	Ⅲ	劣Ⅴ	劣Ⅴ	−30.4	−31.3
		白象*	瓯海区	Ⅲ	劣Ⅴ	劣Ⅴ	−8.9	−24.9
		塘下*	瑞安市	Ⅳ	劣Ⅴ	劣Ⅴ	−13.9	−30.9
	乐琯塘河	蒲岐*	乐清市	Ⅳ	劣Ⅴ	劣Ⅴ	−10.8	−26.9
湖库	南湖	南湖中心*	南湖区	Ⅲ	劣Ⅴ	劣Ⅴ	−32.6	−3.3
浙闽交界水系	甘宋溪	三岔口*	苍南县	Ⅲ	劣Ⅴ	劣Ⅴ	+47.8	−36.9

注:*为列入"浙江省劣Ⅴ类水质断面削减计划(2015—2017)"断面。

三、集中式饮用水水源地水质状况

2015年1～5月,全省县级以上集中式饮用水水源地水质达标率为87.9%(以达标水量计,下同,2015年度目标要求为90%),与

2014 年同期相比提高 4.0 个百分点；11 个设区城市的主要集中式饮用水水源地水质达标率为 90.5%，较 2014 年同期提高 2.7 个百分点。宁波、温州、湖州、绍兴、金华、衢州、舟山、台州和丽水等 9 市的县级以上城市集中式饮用水水源地水质优良，达标率均为 100%；杭州市为 92.5%，嘉兴市为 22.5%（2015 年度目标要求为 25%）。嘉兴市石臼漾水厂、贯泾港水厂、海宁市第三水厂、泰山桥水厂、千亩荡、广陈水厂、果园桥水厂、三环洞大桥等 8 个水源地每月水质均超标，主要超标指标为氨氮、总磷、石油类、铁、锰等；杭州市祥符桥水厂、西区水厂、赤山埠水厂等 3 个水源地 1 月份铁指标超标；温州市泽雅水库 2 月份锰指标超标；舟山洞岙水库 5 月份 pH 值超标。

第二节　浙江水污染之成因及核心问题

一、浙江省水污染之成因

浙江省内的水系总体上是独立水系，水环境质量主要取决于污水排放总量及其达标情况。浙江是一个废水排放大省，大量的废水排放导致水环境污染。据统计，2012 年有监测的废水排放总量约 42 亿方，其中工业废水排放 17. 5 亿方，城镇生活废水排放 24. 5 亿方，废水排放总量和工业废水排放总量均居全国第 4 位。① 虽然采取了多种水污染防治措施，但是浙江省水环境质量近 15 年提高缓慢，其主要原因是废水排放总量总体上呈逐年增加趋势。2000 年全省废水排放总量为 21.3 亿吨，其中工业废水 13.6 亿吨，占全省废水排放总量的 63.8%，生活污水 7.7 亿吨，占全省废水排放总量的 36.2%。废水中化学需氧量排放总量为 58.9 万吨。其中工业废水中化学需氧量排放量为 34.4 万吨，占工业废水中化学

---

① 李金珊、沈楠：《浙江省污水治理现状、问题及对策研究》，《中共浙江省委党校学报》2014 年第 6 期，第 59 页。

需氧量排放量总量的58.2%,生活污水中化学需氧量排放量24.5万吨,占工业废水中化学需氧量排放量总量的41.6%。2001年全省废水排放总量为24.3亿吨,比2000年增加了14.1%,其中工业废水约15.8亿吨(约占全省废水排放总量的65.0%),比2000年增加了约2.2亿吨;生活污水约8.5亿吨(约占全省废水排放总量的35.0%),比2000年增加了约0.8亿吨。废水中化学需氧量排放总量约63.2万吨,比2000年增加了约7.3%,其中工业废水中化学需氧量排放量约32.1万吨(约占工业废水中化学需氧量排放量总量的50.8%),比2000年减少了约6.4%;生活污水中化学需氧量排放量约31.1万吨(约占工业废水中化学需氧量排放量总量的49.2%),比2000年增加了约26.9%(见表1-3)。2007年全省废水排放总量约33.8亿吨,其中工业废水约20.1亿吨,约占全省废水排放总量的59.5%;生活及其他污水约13.7亿吨,约占全省废水排放总量的40.5%。2013年全省废水排放总量约41.9亿吨,比2007年增加了约24.0%,其中工业废水约16.4亿吨(约占全省废水排放总量的39.1%),比2007年减少了约3.7亿吨;生活污水约25.5亿吨(约占全省废水排放总量的60.9%),比2007年增加了约11.8亿吨(见表1-4)。

表1-3 2001年与2000年废水及COD排放状况对比①

年份	废水(亿吨)			化学需氧量(COD)(万吨)		
	总量	工业废水	生活污水	总量	工业COD	生活COD
2001年	24.3	15.8	8.5	63.2	32.1	31.1
2000年	21.3	13.6	7.7	58.9	34.3	24.5
增减率(%)	+14.1%	+16.2%	+10.4%	+7.3%	−6.4%	+26.9%

① 参见浙江省环境保护厅:《2001年浙江省环境状况公报》。

表 1-4　2007—2013 年浙江省废水排放及处理利用情况①

单位：万吨

项目	2007	2008	2009	2010	2011	2012	2013
废水排放总量	338101	350377	365017	422618	420417	420960	419120
工业	201211	200488	184506	182425	182425	175416	163674
城镇生活及其他	136890	149889	161575	237740	237592	245049	254972
集中式治理设施污水排放				372	400	495	474
工业重复用水率(%)	63.00	62.20	60.60	57.40	63.30	66.70	65.40

二、浙江省水污染之核心问题

浙江省排放的污水主要包括工业废水、城乡生活污水和农业废水及畜禽养殖污染物排放等。其中工业废水排放问题、城镇生活污水排放问题、农村生活污水排放问题和农业废水排放问题是浙江省水污染的核心问题。

(一)工业废水排放问题

工业废水包括生产废水和生产污水，含有随水流失的工业生产用料、中间产物、副产品以及生产过程中产生的污染物，具有面广、量大、污染物质多、组成复杂、毒性大、处理难等特点。例如，电力、矿山等部门的废水主要是无机污染物、重金属等，造纸、纺织印染、食品等行业的废水含有大量有机物。据环保部门统计，浙江省工业废水年排放量不大且呈逐年减少的趋势(见表 1-4)。但实际排放的工业废水总量远远超过环保部门的统计，主要是工业园区外的企业特别是小企业大多没有污水管网，许多企业还有偷排现

① 参见《浙江统计年鉴—2014》编辑委员会：《浙江统计年鉴——2014年》"废水排放及处理利用情况(2007—2013 年)"部分。

象。据有关部门估计，全省未经处理直接排放的工业废水总量估计每年8亿吨左右，约占全国工业废水偷排量的5%，占全省工业废水排放总量的1/3。以此推算，2013年浙江工业废水实际排放总量约为25亿吨。除了存在部分企业直排、偷排现象，浙江省工业废水排放中最突出的问题是低标排放(按国家一级B和二级标准排放)，有的甚至没有达到国家一级B和二级标准排放，达到国家污水排放一级A标准的工业污水处理厂几乎为零。这导致COD和氨氮排放总量较大。环保部门的监测结果表明，2013年浙江省工业废水排放中COD和氨氮年排放量分别为19.11万吨和1.26万吨。①

(二)城镇生活污水排放问题

城镇生活污水包括厨房洗涤水、洗衣机排水、淋浴排水、厕所等其他排水，主要来自于家庭、商业、学校、医院、旅游服务业及其他城市公用设施。这些污水中，有的含有一些无毒有机物，如糖类、淀粉、纤维素、油脂、蛋白质、尿素等；有的含有相当数量的微生物，包括一些病原体，如病菌、病毒、寄生虫等；还有的含有大量的氮、硫、磷等无机盐类化合物，是水体富营养化的罪魁祸首。据统计，浙江省城镇生活污水年排放总量较大且呈逐年减少的趋势，如今已经远远大于工业废水的年排放量(见表1-4)。目前，浙江全省大中小城市普遍建立了污水处理厂，总量在260家，绝大多数城镇居民生活污水已接入了污水管网系统，通过提升泵站输送到污水处理厂进行二级处理后排放。大多污水处理厂可以达到国家一级B排放标准，但达到国家一级A标准的不足60家。在乡镇一级，650个建制镇中尚有69个镇没有污水处理设施或污水处理厂，279个乡大部分没有污水处理厂和污水处理设施，有污水处理厂的许

① 李金珊、沈楠:《浙江省污水治理现状、问题及对策研究》,《中共浙江省委党校学报》2014年第6期，第60—61页。

多乡镇也没有形成完善的污水管网，污水处理率总体不到50%。①

(三)农村生活污水排放问题

农村生活污水主要包括农村厨房污水、洗涤污水、卫生间污水等。近10多年来，随着农村的快速发展，农民生活方式发生了巨大改变，自来水、抽水马桶、洗衣机、淋浴设施走进了普通农户家庭，农民生活用水量大量增加，农村水环境污染日趋严重，大部分水源中重金属、氨氮、总磷、化学耗氧量、大肠杆菌等指标均存在不同程度的超标，有的小河小溪垃圾成堆。据专家估计，农村生活用水目前大约是每人每天150升，按浙江5500万人、城市化率62%推算，浙江省农村生活污水年排放量约10亿吨，COD排放约20万吨。根据浙江省农办统计，截至2013年底，在浙江省28653个建制村中，农村生活污水治理农户受益率在80%以上的建制村仅3527个，占总村数的12.31%；已开展生活污水治理但农户受益率在80%以下的建制村12707个，占总村数的44.35%。农村生活污水治理任务很重。②

(四)农业废水

农业废水主要包括农田灌溉废水、畜禽养殖废水和水产养殖废水。浙江农业灌溉废水总量很大。2012年全省农田灌溉用水总量为75.80亿吨。这些灌溉用水与农药、化肥融合在一起，形成了农业灌溉废水，年排放总量大约40亿吨，其中COD约2万吨，氨氮1万吨。畜禽养殖废水是农业废水的重要组成部分。据《浙江省统计年鉴：2000—2013》统计，2012年浙江省家禽全年养殖量为36597万只，生猪全年养殖量为3272.7万头，牛、羊和兔的年末存栏数分别为17.7万头、107.2万只和373.5万只。专家估计，1头牛的排泄物超过3头猪，1头猪的排泄物超过7个人。按畜禽养殖总量推算，2012年浙江全省畜禽粪尿排放量约1000万吨，其中

①② 李金珊、沈楠：《浙江省污水治理现状、问题及对策研究》，《中共浙江省委党校学报》2014年第6期，第61页。

COD 排放约 20 万吨,成为影响农村水环境质量的一个重要因素。水产养殖废水对水环境的影响也很大。2012 年全省淡水养殖面积约 320 万亩,每年排放的养殖废水超过 20 亿吨。这些废水含有大量的残饵、残药及鱼(虾、蟹)类排泄物,通过养殖场换水、塘或潮汐等途径进入周围水体,对农村水环境造成了严重污染。

第三节 法律释疑:重要法律法规及条款

浙江省水污染防治法律依据的法律文件既包括中央国家机关颁布实施的法律、行政法规、部门规章和其他行政规范性文件,也包括浙江省地方国家机关颁布实施的地方性法规、地方政府规章和其他行政规范性文件。浙江省地方国家机关颁布实施的地方性法规、地方政府规章和其他行政规范性文件及其重要条款将在第四节第一部分"浙江省水污染防治立法实践"中叙述。

一、主要法律文件

可作为我国颁布实施了大量水污染防治方面的法律文件,包括全国人大常委会的法律、国务院的行政法规、国务院各部委的部门规章以及其他行政规范性文件。可作为浙江省水污染防治法律依据的国家法律文件主要有《中华人民共和国水污染防治法》(2008)、《中华人民共和国水污染防治法实施细则》、《太湖流域水污染防治暂行条例》(2011)、《国务院关于加强城市供水节水和水污染防治工作的通知》(2000)、《入河排污口监督管理办法》(2005)、《污染源自动监控管理办法》(2005)、《淮河和太湖流域排放重点水污染物许可证管理办法(试行)》(2001)、《草浆造纸工业废水污染防治技术政策》(1999)、《印染行业废水污染防治技术政策》(2001)、《城镇污水处理厂污泥处理处置及污染防治技术政策(试行)》(2009)、《重点流域水污染防治专项规划实施情况考核暂行办法》(2009)、《全国中小河流治理项目和资金管理办法》(2011)、《全国中小河流治理项目资金使用管理实施细则》

(2011)等。

二、主要法律条款

在可作为浙江省水污染防治法律依据的主要法律文件中,《中华人民共和国水污染防治法》(2008)是最重要的法律文件。该法的主要法律条款有如下:

(一)第七条

1. 条文内容

第七条规定:“国家通过财政转移支付等方式,建立健全对位于饮用水水源保护区区域和江河、湖泊、水库上游地区的水环境生态保护补偿机制。”

2. 条文解读

生态补偿机制是一种环境保护经济性利益驱动机制、激励机制和协调机制,是一种调动环境保护积极性和促进环境保护的有效手段,是维护环境利益平衡的最后一道防线。生态补偿法律制度的缺失与不完善已成为制约我国环境保护的关键因素。生态补偿法律制度的缺失与不完善导致对环境与自然资源的无偿使用与“搭便车”行为的经济制约不足,刺激了对环境和自然资源的恶意“掠夺性”利用,挫伤人们保护环境的积极性,限制了公众对于环境保护投入的努力,直接导致了环境利益的失衡和环境状况的恶化。该条将生态补偿机制写进了法律,为推进生态补偿机制的建立提供了有力的法律保障。

(二)第九条和第四十五条

1. 条文内容

第九条规定:“排放水污染物,不得超过国家或者地方规定的水污染物排放标准和重点水污染物排放总量控制指标。”第四十五条规定:“向城镇污水集中处理设施排放水污染物,应当符合国家或者地方规定的水污染物排放标准。城镇污水集中处理设施的出水水质达到国家或者地方规定的水污染物排放标准的,可以按照国家有关规定免缴排污费。城镇污水集中处理设施的运营单位,应当对城镇污水集中处理设施的出水水质负责。环境保护主管部门应当对城镇污水集中处理设施的出水水质和水量进行监督检查。”

2.条文解读

这两条明确了违法界限,规定超标排放水污染物即违法,不论是向水体排放水污染物还是向城镇污水集中处理设施排放水污染物。

(三)第十八条

1.条文内容

第十八条规定:“国家对重点水污染物排放实施总量控制制度。省、自治区、直辖市人民政府应当按照国务院的规定削减和控制本行政区域的重点水污染物排放总量,并将重点水污染物排放总量控制指标分解落实到市、县人民政府。市、县人民政府根据本行政区域重点水污染物排放总量控制指标的要求,将重点水污染物排放总量控制指标分解落实到排污单位。具体办法和实施步骤由国务院规定。省、自治区、直辖市人民政府可以根据本行政区域水环境质量状况和水污染防治工作的需要,确定本行政区域实施总量削减和控制的重点水污染物。对超过重点水污染物排放总量控制指标的地区,有关人民政府环境保护主管部门应当暂停审批新增重点水污染物排放总量的建设项目的环境影响评价文件。”

2.条文解读

与修订前的相关条款相比,该条进一步强化了重点水污染物排放总量控制制度,一方面扩大了总量控制制度的适用范围,不再局限于排污达标但质量不达标的特殊水体;另一方面扩大了实施总量控制的重点污染物的范围,除了国家确定的重点水污染物,还允许省级政府确定本行政区域实施总量控制的“地方重点水污染物”。

(四)第二十条

1.条文内容

第二十条规定:“国家实行排污许可制度。直接或者间接向水体排放工业废水和医疗污水以及其他按照规定应当取得排污许可证方可排放的废水、污水的企业事业单位,应当取得排污许可证;城镇污水集中处理设施的运营单位,也应当取得排污许可证。排污许可的具体办法和实施步骤由国务院规定。禁止企业事业单位无排污许可证或者违反排污许可证的规定向水体排放前款规定的废水、污水。”

2.条文解读

该条明确规定了排污许可制度。首先,该条明确规定了排污许可制度的四类适用对象,即向水体排放工业废水的企业单位、向水体排放医疗污水的医疗卫生机构、城镇污水集中处理设施的运营单位以及其他按照规定应当取得排污许可证的企业事业单位。其次,该条将遵守排污许可证制度作为一条法律红线,规定凡中国境内经营的企业事业单位需向水体排放废水、污水的,均需要取得排污许可证,未取得排污许可证向水体进行排污的,将视之为违法行为。

(五)第二十三条和第二十五条

1.条文内容

第二十三条规定:“重点排污单位应当安装水污染物排放自动监测设备,与环境保护主管部门的监控设备联网,并保证监测设备正常运行。排放工业废水的企业,应当对其所排放的工业废水进行监测,并保存原始监测记录。具体办法由国务院环境保护主管部门规定。应当安装水污染物排放自动监测设备的重点排污单位名录,由设区的市级以上地方人民政府环境保护主管部门根据本行政区域的环境容量、重点水污染物排放总量控制指标的要求以及排污单位排放水污染物的种类、数量和浓度等因素,商同级有关部门确定。”第二十五条规定:“国家建立水环境质量监测和水污染物排放监测制度。国务院环境保护主管部门负责制定水环境监测规范,统一发布国家水环境状况信息,会同国务院水行政等部门组织监测网络。”

2. 条文解读

经验证明,水环境监测是严格执法的基础,没有完善的水环境监测网络,就不可能贯彻落实好《水污染防治法》;建立水环境监测制度的前提,就是对单位的排污行为进行连续自动在线监测,并要与当地环保部门的监控设备联网。《水污染防治法》(2008)第二十三条和第二十五条以这些经验为基础,就如何完善水环境质量监测网络,规范水环境监测制度,建立统一的水环境状况的信息发布制度做了规定。

(六)第四十四至四十五条

1. 条文内容

第四十四条规定:“城镇污水应当集中处理。县级以上地方人民政府应当通过财政预算和其他渠道筹集资金,统筹安排建设城镇污水集中处理设施及配套管网,提高本行政区域城镇污水的收集率和处理率。国务院建设主管部门应当会同国务院经济综合宏观调控、环境保护主管部门,根据城乡规划和水污染防治规划,组织编制全国城镇污水处理设施建设规划。县级以上地方人民政府组织建设、经济综合宏观调控、环境保护、水行政等部门编制本行政区域的城镇污水处理设施建设规划。县级以上地方人民政府建设主管部门应当按照城镇污水处理设施建设规划,组织建设城镇污水集中处理设施及配套管网,并加强对城镇污水集中处理设施运营的监督管理。城镇污水集中处理设施的运营单位按照国家规定向排污者提供污水处理的有偿服务,收取污水处理费用,保证污水集中处理设施的正常运行。向城镇污水集中处理设施排放污水、缴纳污水处理费用的,不再缴纳排污费。收取的污水处理费用应当用于城镇污水集中处理设施的建设和运行,不得挪作他用。城镇污水集中处理设施的污水处理收费、管理以及使用的具体办法,由国务院规定。”第四十五条规定:“向城镇污水集中处理设施排放水污染物,应当符合国家或者地方规定的水污染物排放标准。城镇污水集中处理设施的出水水质达到国家或者地方规定的水污染物排放标准的,可以按照国家有关规定免缴排污费。城镇污水集中处理设施的运营单位,应当对城镇污水集中处理设施的出水水质负责。环境保护主管部门应当对城镇污水集中处理设施的出水水质和水量进行监督检查。”

2.条文解读

这些条款是关于城镇污水治理和城镇水污染防治的规定,其出台必将大大推动城镇水污染的防治工作。

(七)第四十九至五十条以及第六十三条

1.条文内容

四十九条规定:“国家支持畜禽养殖场、养殖小区建设畜禽粪便、废水的综合利用或者无害化处理设施。畜禽养殖场、养殖小区应当保证其畜禽粪便、废水的综合利用或者无害化处理设施正常运转,保证污水达标排放,防止污染水环境。”第五十条规定:“从事水产养殖应当保护水域生态环境,科学确定养殖密度,合理投饵和使用药物,防止污染水环境。”第六十三条规定:“国务院和省、自治区、直辖市人民政府根据水环境保护的需要,可以规定在饮用水水源保护区内,采取禁止或者限制使用含磷洗涤剂、化肥、农药以及限制种植、养殖等措施。”

2.条文解读

这些条款是关于防治农业和农村水污染的规定。农业和农村水污染是浙江省水污染的重要体现和重要原因,加强对农业和农村水污染防治,对于全面建设社会主义新农村,对于保护广大农民的身体健康,对于实施可持续发展战略,具有深远的影响。

(八)第七十三至七十五条以及第八十三条

1.条文内容

第七十三条规定:“违反本法规定,不正常使用水污染物处理设施,或者未经环境保护主管部门批准拆除、闲置水污染物处理设施的,由县级以上人民政府环境保护主管部门责令限期改正,处应缴纳排污费数额一倍以上三倍以下的罚款。”第七十四条规定:“违反本法规定,排放水污染物超过国家或者地方规定的水污染物排放标准,或者超过重点水污染物排放总量控制指标的,由县级以上人民政府环境保护主管部门按照权限责令限期治理,处应缴纳排污费数额二倍以上五倍以下的罚款。限期治理期间,由环境保护主管部门责令限制生产、限制排放或者停产整治。限期治理的期限最长不超过一年;逾期未完成治理任务的,报经有批准权的人民政府批准,责令关闭。”第七十五条规定:“在饮用水水源保护区内设置排污口的,由县级以上地方人民政府责令限期拆除,处十万元以上五十万元以下的罚款;逾期不拆除的,强制拆除,所需费用由违法者承担,处五十万元以上一百万元以下的罚款,并可以责令停产整顿。”第八十三条规定:“企业事业单位违反本法规定,造成水污染事故的,由县级以上人民政府环境保护主管部门依照本条第二款的规定处以罚款,责令限期采取治理措施,消除污染;不按要求采取治理措施或者不具备治理能力的,由环境保护主管部门指定有治理能力的单位代为治理,所需费用由违法者承担;对造成重大或者特大水污染事故的,可以报经有批准权的人民政府批准,责令关闭;对直接负责的主管人员和其他直接责任人员可以处上一年度从本单位取得的收入百分之五十以下的罚款。对造成一般或者较大水污染事故的,按照水污染事故造成的直接损失的百分之二十计算罚款;对造成重大或者特大水污染事故的,按照水污染事故造成的直接损失的百分之三十计算罚款。”

2.条文解读

“守法成本高、违法成本低”一直是我国水污染法治的瓶颈,这些条款提高了罚款幅度,加大了水污染违法的成本,增强了对违法行为的震慑力。具体表现在如下几个方面:第一,提高了罚款的绝对数额。例如,第七十五条将一些违法行为的罚款数额上限设定为50万元和100万元。第二,取消对某些行为罚款的上限。例如,

第八十三条关于按直接损失20%和30%计算罚款的规定,实际上是取消了罚款的上限,实行"上不封顶"的计罚制度。第三,采取了倍数计罚法。例如,第七十三条和第七十四条分别规定由环保部门处应缴纳排污费数额1～3倍的罚款和2～5倍的罚款。第四,实行了递进处罚制。例如,第七十五条规定,违反法律、行政法规和国务院环境保护主管部门的规定设置排污口或者私设暗管的,由县级以上地方人民政府环境保护主管部门责令限期拆除,处二万元以上十万元以下的罚款;逾期不拆除的,强制拆除,所需费用由违法者承担,处十万元以上五十万元以下的罚款。

第四节　案例解读:中外水污染防治典型案例及经验

一、英国泰晤士河水污染防治

泰晤士河是伦敦的"母亲河",孕育了伦敦的繁华。但是,19世纪英国工业革命后,泰晤士河水质迅速恶化,成为世界上污染最早、污染危害最严重的城市内河之一。为了解决泰晤士河水污染问题,自19世纪50年代开始英国一直坚持泰晤士河水污染治理工作。经过150多年综合治理,特别是20世纪60—70年代的高强度治理,泰晤士河已成为世界上治理效果最显著的河流和世界上最干净的河流之一。英国伦敦泰晤士河水污染治理为何能成功?重要原因之一是英国十分重视相关立法,依法治理泰晤士河。为了借鉴泰晤士河水污染治理立法的经验,完善我省相关立法,为我省水污染治理提供坚实的法律基础,本书先对泰晤士河污染治理立法进行全面系统的分析,然后在此基础上提出泰晤士河污染防治立法对我省水污染治理立法的启示。

(一)主要法律文件

英国国家档案馆管理的英国政府立法网将英国立法分为21

种类型,即联合王国公共一般法(UK Public General Acts)、联合王国地方法(UK Local Acts)、苏格兰议会法(Acts of the Scottish Parliament)、威尔士国民大会法(Acts of the National Assembly for Wales)、威尔士国民大会办法(Measures of the National Assembly for Wales)、教会办法(Church Measures)、北爱尔兰议会法(Acts of the Northern Ireland Parliament)、1424年至1707年古苏格兰议会法(Acts of the Old Scottish Parliament 1424—1707)、1267年至1706年英国议会法(Acts of the English Parliament 1267—1706)、1495年至1800年古爱尔兰议会法(Acts of the Old Irish Parliament 1495—1800)、1707年至1800年大不列颠议会法(Acts of the Parliament of Great Britain 1707—1800)、联合王国法定文件(UK Statutory Instruments)、威尔士法定文件(Wales Statutory Instruments)、苏格兰法定文件(Scottish Statutory Instruments)、北爱尔兰枢密令(Northern Ireland Orders in Council)、北爱尔兰法定规则(Northern Ireland Statutory Rules)、教会文件(Church Instruments)、联合王国大臣命令(UK Ministerial Orders)、1900年至1948年联合王国法定规则和命令(UK Statutory Rules and Orders 1900—1948)、1947年北爱尔兰大会办法(Measures of the Northern Ireland Assembly 1947)和1921年至1972年北爱尔兰议会法(Acts of the Northern Ireland Parliament 1921—1972),并按年份和年内先后顺序收集了各类立法文件。检索和分析各类型的法律文件后发现,联合王国公共一般法、联合王国地方法和联合王国法定文件是泰晤士河污染治理的主要法律依据。

1. 联合王国公共一般法

联合王国公共一般法属于英国的基本立法,由联合王国议会制定和发布,适用于联合王国全境。大量联合王国公共一般法为泰晤士河污染治理提供了法律依据。首先,大量联合王国公共一般法涉及水污染防治问题,为泰晤士河污染治理提供了基本法律依据。例如,1961年第64号联合王国公共一般法《1961年公共健康法》、1974年第40号联合王国公共一般法《1974年污染控制法》、1999 年第 24 号联合王国公共一般法《1999 年污染防治和控制法》等。第二，大量专门就水资源和洪水管理进行规定的联合王国公共一般法对水污染防治问题进行了规定，为泰晤士河污染治理提供了重要法律依据。例如，1991 年第 56 号联合王国公共一般法《1991 年水产业法》、1991 年第 57 号联合王国公共一般法《1991 年水资源法》、1991 年第 59 号联合王国公共一般法《1991 年土地排水法》、2010 年第 29 号联合王国公共一般法《2010 年洪水和水管理法》、2014 年第 21 号联合王国公共一般法《2014 年水法》等。其中《1991 年水产业法》"第Ⅳ部分排水服务"关于公共排水系统设计、建设、维护、运营和使用的规定为泰晤士河污染治理提供了重要法律依据；《1991 年水资源法》"第Ⅲ部分水资源污染控制"的相关规定为泰晤士河污染治理提供了重要法律依据；《1991 年土地排水法》为控制因土地排水造成泰晤士河污染提供了重要法律依据；《2010 年洪水和水管理法》为控制因洪水（通常不被水覆盖的土地被水覆盖了就属于本法所指的洪水）造成泰晤士河污染提供了具体法律依据，其中该法"附件 3 可持续排水"关于私人排水系统设计、建设、维护和运营的规定为控制因洪水造成泰晤士河污染提供了重要法律依据。第三，一些专门就河流污染防治进行规定的联合王国公共一般法对河流污染防治问题进行了全面系统的规定，为泰晤士河污染治理提供了重要法律依据。例如，1951 年第 64 号联合王国公共一般法《1951 年河流（污染防治）法》、1961 年第 50 号联合王国公共一般法《1961 年河流（污染防治）法》等。

2. 联合王国地方法

联合王国地方法也属于英国的基本立法，也由联合王国议会制定和发布。与联合王国公共一般法不同的是，联合王国地方法的适用范围不是联合王国全境，每部联合王国地方法的适用范围由该法明确规定。有些联合王国地方法是泰晤士河污染治理的重要法律依据，有些联合王国地方法甚至是最重要的泰晤士河污染治理法律依据之一。第一，有些联合王国地方法的相关规定与泰晤士河污染治理关系密切，是泰晤士河污染治理的重要法律依据。

例如,2007 年第 2 号(2007 c. ii)联合王国地方法《2007 年伦敦地方当局法》、2004 年第 1 号联合王国地方法《2004 年伦敦地方当局法》、2003 年第 1 号联合王国地方法《2003 年伦敦发展局法》、2000 年第 7 号联合王国地方法《2000 年伦敦地方当局法》、1996 年第 9 号联合王国地方法《1996 年伦敦地方当局法》、1995 年第 1 号联合王国地方法《大不列颠水道法》等。第二,有些联合王国地方法是专门为了泰晤士河保护和管理而制定发布的,是最重要的泰晤士河污染治理法律依据之一。例如,1879 年第 198 号联合王国地方法《1879 年大都会管理(泰晤士河洪水防治)修正法》、1932 年第 37 号联合王国地方法《1932 年泰晤士河保护法》、1950 年第 1 号联合王国地方法《1950 年泰晤士河保护法》、1959 年第 26 号联合王国地方法《1959 年泰晤士河保护法》和 1966 年第 32 号联合王国地方法《1966 年泰晤士河保护法》。

3.联合王国法定文件

联合王国法定文件不属于英国基本立法,而属于英国二级立法,由联合王国政府的相关当局依据联合王国议会立法的授权而制定发布。因此,依据中国法学理论,联合王国法定文件属于行政立法。值得注意的是,虽然联合王国法定文件只属于二级立法和行政立法,但是其法律位阶也比较高(在二级立法中位阶最高),因为其由联合王国政府的相关当局制定发布。大量联合王国法定文件为泰晤士河污染治理提供了法律依据。第一,大量相关联合王国法定文件为泰晤士河污染治理提供了法律依据。例如,2013 年第 3042 号联合王国法定文件《2013 年商船运输(污染防治)(范围)(撤销)条例》、2013 年第 2619 号联合王国法定文件《2013 年硝酸盐污染防治(指定修正和杂项修正)条例》、2011 年第 1505 号联合王国法定文件《2011 污染防治和控制(指令的指定)(英格兰和威尔士)命令》、2010 年第 1091 号联合王国法定文件《2010 年水资源(污染控制)(青贮饲料、泥浆和农业燃油)(英格兰)(修正)条例》、2006 年第 1289 号联合王国法定文件《2006 年保护水免受农业硝酸盐污染(英格兰和威尔士)(修正)条例》、1994 年第 2841 号联合王国法定文件《1994年城市废水处理(英格兰和威尔士)条例》等。第二,一些专门就泰晤士河进行规定的联合王国法定文件为泰晤士河污染治理提供了十分重要的法律依据。例如,2014年第2384号联合王国法定文件《2014年泰晤士河水公共事业有限公司(泰晤士河潮路隧道)命令》、1990年第1339号联合王国法定文件《1990年泰晤士河水公共事业有限公司(地方立法规定)(间接废止)命令》、1990年第876号联合王国法定文件《1990年泰晤士河水公共事业有限公司(管道铺设工程和其他工程)(方法汇编)命令》、1990年第1712号联合王国法定文件《1990年泰晤士河地区洪水预防委员会命令》、1989年第1392号联合王国法定文件《1989年伦敦码头区开发公司(土地特别保护权)(泰晤士河水务局)命令》、1979年第472号联合王国法定文件《1979年泰晤士河水务局组织机构(修正)命令》、1974年第2077号联合王国法定文件《1974年泰晤士河水务局组织机构(修正)命令》、1973年第1360号联合王国法定文件《1973年泰晤士河水务局组织机构命令》、1978年第1233号联合王国法定文件《1978年泰晤士河水务局(地方立法的修正)命令》、1976年第644号联合王国法定文件《1976年泰晤士河水务局(埃普瑟姆—尤厄尔)(规章操作的扩展)命令》、1976年第307号联合王国法定文件《1976年盎格鲁和泰晤士河水务局(边界变更)命令》、1974年第1647号联合王国法定文件《1974年泰晤士河水务局(科茨沃德)(规章操作的扩展)命令》、1974年第1641号联合王国法定文件《1974年泰晤士河水务局(史云顿)(规章操作的扩展)命令》、1974年第1590号联合王国法定文件《1974年泰晤士河水务局(泰晤士河谷)(规章操作的扩展)命令》、1974年第47号联合王国法定文件《1974年泰晤士河水务局(地区土地排水委员会)命令》等。

(二)主要法律规定

总体来说,泰晤士河污染治理立法十分全面具体,法律规定几乎涉及所有涉河行为,其中关于污染治理管理体制、污染治理资金来源、城市下水道系统和污水处理系统建设、农业污染防治等方面的法律规定尤其值得关注。

1. 关于污染治理管理体制的法律规定

泰晤士河污染治理立法十分重视污染治理管理体制问题，许多法律文件就污染治理管理体制问题进行了规定，甚至有不少法律文件专门对泰晤士河污染治理管理体制问题进行了规定。《1991 年水产业法》是其中的典型代表。该法共由八部分构成，其中“第三部分供水”“第四部分排水服务”和“第六部分事业承办者的权力和工程”的绝大多数条款是关于供水公共事业承办者和污水公用事业承办者之权利和义务的规定。同时，其他相关条款对水服务管理当局、国务大臣、环境部、内排水理事会、航运当局、港口当局、保护区当局、国家公园当局、湖区当局等管理机构的职权进行了规定。《2010 年洪水和水管理法》对地方洪水管理领导当局、单一管理当局、内排水理事会、水务公司、公路管理当局、风险管理当局、英格兰风险管理当局、威尔士风险管理当局、跨界内排水理事会等管理机构的概念和职权进行了明确界定。《1991 年土地排水法》对内排水理事会的概念、组成和职权进行了明确规定。《1990 年泰晤士河地区洪水预防委员会命令》对国家河流管理当局以及农业、渔业和食品大臣的职权进行了规定。又如，上文所列专门就泰晤士河进行规定的联合王国法定文件，包括《1973 年泰晤士河水务局组织机构命令》《1990 年泰晤士河水公共事业有限公司(管道铺设工程和其他工程)(方法汇编)命令》《2014 年泰晤士河水公共事业有限公司(泰晤士河潮路隧道)命令》等，专门就泰晤士河税务局的组织机构和职权以及泰晤士河水公共事业有限公司和泰晤士河水公共事业有限公司的职权进行了规定。

2. 关于污染治理资金来源的法律规定

泰晤士河污染治理立法十分重视污染治理资金来源问题，许多法律文件就污染治理资金来源问题进行了规定。《1991 年水产业法》就是其中的典型代表。其“第五部分财务规定”专门就财务问题进行了规定——公用事业承办向用户提供有偿供水和排水服务,收取相应费用,同时利用向用户收取的费用建设和运营公共供水设施和公共排水设施。《1991 年水资源法》共九部分,其中“第六部分与环境部有关的财务条款”专门用三章篇幅对财务问题进行了规定,这三章分别是“第一章一般财务规定”“第二章税收规定”和“第三章援助和贷款”。《1991 年土地排水法》共六部分,其中“第四部分财务规定”用三章篇幅对财务问题进行了规定,这三章分别为“第一章内排水理事会费用的规定”“第二章排水率”和“第三章进一步的财务规定”。《1879 年大都会管理(泰晤士河洪水防治)修正法》第 29—35 条对财务问题做了详细规定,《1932 年泰晤士河保护法》第 187—232 条对财务问题进行了详细的规定。

3. 关于城市下水道系统和污水处理系统建设运营管理的法律规定

泰晤士河污染治理立法十分重视城市排水系统和污水处理系统建设,许多法律文件就城市排水系统和污水处理系统建设和运营进行了规定。例如,《2010 年洪水和水管理法》“附件 3 可持续排水”对私人下水道的设计、建设、维护和运营做了明确具体的规定。《1991 年水产业法》“第四部分污水服务”对公共下水道系统和污水处理系统建设和运营做了明确具体的规定。该部分规定,提供符合标准的公共污水系统(包括下水道系统和污水处理系统)是污水公共事业承办者的基本义务,污水公共事业承办者也有义务向社会公众提供公共污水服务(包括下水道服务和污水处理服务);任何场址的所有者或占有者,或者从这些场址排出污水的私人下水道的所有者,都有权其排水沟和下水道与任何污水公共事业承办者的公共下水道相连通。《1994 年城市废水处理(英格兰和威尔士)条例》对污水公共事业的承办者提供公共污水处理厂提出了比《1991 年水产业法》更高的要求。2014 年第 14 号联合王国公共一般法《2014 年水法》对污水公共事业的承办者提供公共污水系统的义务做了更详细的规定,也提出了更高的要求。该法规定,为了减少地表水进入下水道系统的量或降低地表水进入下水道系统的比例,污水公共事业承办者应该在自己的土地上或别人的土地上建设和运营接纳雨水和其他地表水的排水系统，即要求污水公共事业承办者通过建设和运营排水系统来减轻公共下水道系统的负荷。

4. 关于农业污染防治的法律规定

泰晤士河污染治理立法十分重视农业污染防治，许多法律文件就农业污染防治进行了规定，有些法律文件专门就保护水免受农业污染进行了规定。例如，1996 年第 888 号联合王国法定文件《1996 年保护水免受农业硝酸盐污染（英格兰和威尔士）条例》、2009 年第 46 号联合王国法定文件《2009 年水（污染防治）（良好的农业方法汇编）（英格兰）命令》、2010 年第 639 号联合王国法定文件《2010 年水资源（污染控制）（青贮饲料、泥浆和农业燃油）（英格兰）条例》等法律文件专门就保护水免受农业污染进行了规定。2013 年第 1001 号联合王国法定文件《2013 年硝酸盐污染防治（修正）和水资源（污染控制）（青贮饲料、泥浆和农业燃油）（英格兰）（修正）条例》、1997 年第 547 号联合王国法定文件《1997 年污染控制（青贮饲料、泥浆和农业燃油）（修正）条例》、1991 年第 324 号联合王国法定文件《1991 年污染控制（青贮饲料、泥浆和农业燃油）条例》等法律文件就农业污染防治进行了规定。

（三）泰晤士河水污染治理立法对我省水污染治理立法的启示

1. 制定和完善高效力位阶的法律文件

伦敦泰晤士河污染治理立法主要是效力位阶极高的联合王国公共一般法、联合王国地方法和联合王国法定文件，即使是专门针对泰晤士河污染治理的立法也是如此。这样的好处是可以避免法律执行不力的现象。因此，完善我省水污染治理立法可以从如下两个方面着手：一方面，修订《浙江省水污染防治条例》（2009）、《浙江省温瑞塘河保护管理条例》（2010）、《浙江省跨行政区域河流交接断面水质监测和保护办法》（2008）、《杭州市城市河道保护管理办法》（2009）、《宁波市余姚江水污染防治条例》（1995）、《温州市温瑞塘河保护管理办法》(2010)、《温州市重污染行业环境监管责任追究办法》等适用于全国所有河流污染防治的高位阶法律法规。另一方面，针对具体城市内河进行高位阶的专门立法。例如，为了治理温州市的温瑞塘河污染，由浙江省人大常委会制定发布《浙江省温瑞塘河污染治理条例》。

2.完善关于流域水污染防治监督管理体制的规定

流域管理体制不健全是我国各江河流域污染治理成效甚微的重要原因之一，关于这一点学界已达成共识。我国各级各类相关立法都不太重视流域管理机构的规定，要么相关法律条文极少，要么对相关管理机构的职权划分规定得十分混乱。几乎所有作为泰晤士河污染治理法律依据的法律文件都对它们涉及的相关管理当局的职权进行了明确的界定，对流域管理当局的职权更是界定得十分清晰。我省应该借鉴泰晤士河水污染治理立法关于流域管理体制的规定，完善我省河污染治理管理体制方面的立法。一方面，可以通过修订《浙江省水污染防治条例》，明确规定构建各江河流域水污染防治管理体制的基本原则和基本方法；另一方面，通过针对具体江河流域的专门立法，明确规定该江河流域的水污染防治监督管理体制。

3.完善关于水污染治理资金来源的规定

城市内河污染治理成本巨大。据温州市审计局审计，自2000年起至2006年末，各级政府和全社会投入温瑞塘河整治资金累计26.98亿元。如果仅仅把水污染防治当作市政工程，由政府承担全部防治费用，政府显然力不从心。遗憾的是，目前我国的中央立法几乎没有就水污染治理资金来源问题进行规定，似乎认为水污染防治等公共事务理所当然由政府买单。与中国不同，泰晤士河污染治理立法十分重视财务问题，《1991年水产业法》《1991年水资源法》《1991年土地排水法》《1879年大都会管理(泰晤士河洪水防治)修正法》《1932年泰晤士河保护法》等重要法律文件都有大量条款专门规范财务问题。这使泰晤士河污染治理资金有了法律保障。在水污染治理资金来源方面，浙江省地方立法与我国的中央立法相比有所突破，《浙江省综合治水工作规定》(2014)等相关法律文件对该问题进行了规定。但是，这些规定在合理性和可操作性方面都存在问题。我省应该借鉴泰晤士河污染防治立法的经验，完善水污染治理资金来源方面的法律规定。尤其应借鉴泰晤士河水污染治理立法关于公共污水系统建设和运营资金方面的规定，通过科学立法拓宽水污染治理资金的渠道。

4. 完善城市污水系统建设和运营的法律规定

城市污水系统，主要包括下水道系统和污水处理系统，是城市之脉。没有良好的城市污水系统，根本不可能治理好城市水污染。在依法进行公共实务治理的当地社会，要建设良好的城市污水系统，必须有完善的城市污水系统立法作保障。学界已认识到完善城市排水系统是当务之急，但其法律保障却几乎空白。泰晤士河水污染治理立法在这方面非常完善，《2014 年水法》《2010 年洪水和水管理法》《1991 年水产业法》《1994 年城市废水处理(英格兰和威尔士)条例》等法律文件对城市污水系统的建设和运营进行了非常明确的规定。因此，应该借鉴泰晤士河水污染治理立法，完善我省污水系统建设、运营和养护管理的规定。首先，应区分私人污水系统和公共污水系统，规定私人污水系统由私人负责建设和运营，公共污水系统由政府或公共事业承办者建设和运营。其次，最好规定公共污水系统由符合法定条件的公共事业承办者建设和运营，向社会提供有偿污水服务，而不是规定由政府投资建设和运营，向社会提供无偿服务，因为这样可以实现水污染防治产业化，通过市场机制筹集水污染防治资金，减轻政府的经济负担。让民营企业作为公共事业的承办者建设和运营公共污水系统的具体模式可以多种多样，其中英国首创的 PPP 模式是一种值得我省借鉴和尝试的模式。①

二、上海苏州河水污染防治

与英国伦敦的泰晤士河相似，苏州河是上海的"母亲河"，孕育了上海的繁华。但是，20世纪初苏州河开始受到污染，水质迅速恶化，20年代部分河段第一次出现"黑臭"现象，70年代已成为终年黑臭的河流。② 为了解决苏州河水污染问题，自20世纪80年代开始上海市一直坚持苏州河水污染治理工作，1988年8月将苏州河合流污水工程作为上海市河流污水治理工程一期开始奠基，1995年12月将苏州河治理作为"上海环保重中之重"开展全面综合治理。经过近30年的治理，特别是1995年后的全面综合治理，苏州河已成为中外治理效果最显著的河流之一，在2005年日本爱知世博会上苏州河综合治理工程成了我国首次获得"能源全球奖(水资源组)"殊荣的项目，2006年6月苏州河环境综合整治一期工程荣获我国建设项目环境保护的最高奖项——"国家环境友好工程"奖。上海苏州河水污染治理为何能成功？重要原因之一也是上海市十分重视相关立法，依法治理苏州河。为了借鉴苏州河水污染治理立法的经验，完善我省相关立法，为我省水污染治理提供坚实的法律基础，本书也对苏州河污染治理立法进行全面系统分析，提出苏州河污染防治立法对我省水污染治理立法的启示。

(一)主要法律文件

为了依法治理苏州河，上海市十分重视水污染防治地方立法

① "PPP"是 Public—Private—Partnership 的字母缩写。"PPP 模式"即"公私合营模式"，指政府与私人组织之间，为了合作建设城市基础设施项目，或者为了提供某种公共物品和服务，以特许权协议为基础，彼此之间形成一种伙伴式的合作关系，并通过签署合同来明确双方的权利和义务，以确保合作的顺利完成，最终使合作各方达到比预期单独行动更为有利的结果。

② 李芳等：《苏州河与世界著名河流的治理比较分析》，《上海环境科学》2003年第z1期，第28页。

工作,颁布实施了一些相关法规、规章和规范性文件。首先,颁布实施了大量相关法规和规章。相关法规和规章主要有《上海港防止船舶污染水域管理办法》(1996)、《上海市排水管理条例》(2006年修正)、《上海市苏州河环境综合整治管理办法》(1998)、《上海市废弃食用油脂污染防治管理办法》(2002)、《上海市水利工程供水水费和堤防维护费征收使用管理办法》(2006)、《上海市河道管理条例》(2010)、《上海市防汛条例》(2014年修正)、《上海市实施〈中华人民共和国水法〉办法》(2010)、《上海市水闸管理办法》(2002)等。其次,颁布实施了大量相关行政规范性文件。相关行政规范性文件主要有《上海市人民政府关于加强苏州河环境综合整治工作的通知》(1998)、《关于苏州河环境综合整治的若干政策意见》(1997)、《关于开展本市污水处理厂在线监测系统建设工作的通知》(2008)、《上海市污水处理厂设施运行及管理台帐要求》(2008)、《关于城镇污水处理厂建设达标改造中污染物排放标准适用问题的通知》(2003)、《关于本市新建住宅生活污水排放管理若干意见的通知》(2000)、《上海市黄浦江防汛墙保护办法》(2006)、《关于加快市级水环境重点监管企业排污口规范化整治工作的通知》(2004)、《关于加快工业区污水治理的若干意见》(2004)、《关于加快市级水环境重点监管企业排污口规范化整治工作的通知》(2004)、《上海市水污染源限期治理管理办法》(2004)、《上海市河道生态整治导则》(2006)、《关于本市市管河道及其管理范围的规定》(2006)、《上海市水利工程建设项目预备费使用管理暂行办法》(2007)、《上海市跨、穿、沿河构筑物河道管理技术规定》(2007)、《上海市星级水闸管理单位评定办法》(2006)、《上海市水闸运行养护基本条件暂行规定》(2003)、《上海市水闸技术管理规定》(2006)、《上海市水闸维修养护技术规程(试行)》(2006)、《上海市水利泵站维修养护技术规程(试行)》(2006)、《上海市跨区域引清调水实施细则》(2006)、《上海市水利行业岗位规范(水闸部分)》(2006)、《上海市河道水闸行业水闸窗口考核实施细则(试行)》(2006)、《上海市农田水利工程技术鉴定办法》(2006)、《上海市主要污染物排放许可证管理办法》(2014)、《本市实施〈环境污染治理设施运营资质许可管理办法〉的若干规定(试行)》(2012)、《上海市污染源主要污染物排放实时自动监测系统管理办法》(2003)、《上海市污染源自动监控设施运行监管和自动监测数据执法应用的规定》(2013)等。

(二)主要法律规定

总体来说,苏州河水污染治理立法十分全面具体,几乎所有涉河行为都有相关法律规范调整。其中关于城市排水管网及城市污水处理厂系统建设、运营和养护管理的法律规定尤其值得关注。加强城市排水管网和污水处理厂系统建设、运营和养护的管理是上海苏州河水污染治理取得成效的关键,上海市合流废水一期工程、上海废水治理二期工程和石洞城市污水处理厂系统三大工程的建成和营运对苏州河水质改善起了重大的作用。因此,上海市水污染防治立法十分重视城市排水管网和污水处理厂系统的建设、运营和养护管理问题,许多法律文件就此问题进行了规定。例如,《上海市排水管理条例》(2006 年修正)从规划、建设、运行、养护等方面对排水管网和污水处理厂系统的建设、运营和养护做了全面系统的规定。《上海市苏州河环境综合整治管理办法》(1998)对污水处理设施运转的监督做了明确规定。该《办法》第十五条规定,市政、环保部门应当加强对苏州河环境综合整治陆域范围内合流污水截留设施、集中式污水处理设施和企事业单位污水处理设施运转的监督管理。《上海市水闸管理办法》(2002)、《上海市星级水闸管理单位评定办法》(2006)、《上海市水闸运行养护基本条件暂行规定》(2003)、《上海市水闸技术管理规定》(2006)、《上海市水闸维修养护技术规程(试行)》(2006)、《上海市河道水闸行业水闸窗口考核实施细则(试行)》(2006)等法规规章和行政规范性文件,对作为城市排水管网和污水处理厂系统重要组成部分的水闸的规划、建设、运行和养护的管理做了全面规定。

第五节　水污染防治之浙江法治实践

一、浙江省水污染防治立法实践

(一)浙江省水污染防治立法的成果

自1996年颁布施行《浙江省实施〈中华人民共和国水污染防治法〉办法》(以下简称《浙江省实施办法》)以来,浙江省水污染防治地方立法工作取得了显著的成效,走在了全国的前列,颁布实施了大量水污染防治方面的法律文件,包括享有地方立法权的权力机关颁布实施的地方性法规、享有地方立法权的人民政府颁布实施的地方政府规章以及其他行政规范性文件。浙江省水污染防治地方立法文件主要有《浙江省水污染防治条例》(2013)、《浙江省温瑞塘河保护管理条例》(2010)、《浙江省跨行政区域河流交接断面水质监测和保护办法》(2008)、《杭州市城市河道保护管理办法》(2009)、《宁波市余姚江水污染防治条例》(1995)、《温州市温瑞塘河保护管理办法》(2010)、《温州市重污染行业环境监管责任追究办法》(2007)、《温州市污染源自动监控系统管理暂行办法》(2006)等。

(二)浙江省水污染防治立法的不足

浙江省水污染防治立法在加强饮用水源保护、整治流域水环境以及推进排污权交易等方面均取得了一定成效,为水污染防治工作提供了比较可靠的法律保障。但随着时间的推移,浙江省水污染防治立法的不足开始凸显。

1.重要法规文件的操作性不强

《浙江省水污染防治条例》(2013)等水污染防治法规文件就重点污染物总量控制制度、生态补偿机制、排污权交易制度等一系列新制度做了规定,但是这些新制度并未发挥其预期作用。究其原因,症结在于有关此类制度的规定过于原则性,可操作性不强。以重点污染物总量控制制度为例，《浙江省水污染防治条例》(2013)只就总量控制指标向下分解落实的步骤做了规定，缺少关于总量控制指标的核定、分配、转让程序、总量控制的实施步骤、违规行为的法律责任等方面的规定。这些规定的缺失使总量控制制度难以得到有效的实施。

2."九龙治水"和"权责失衡"问题并未根治

在水污染防治行政执法过程中，多个部门之间职责不明，遇事相互推诿的情况并不鲜见，这直接影响到了水污染防治的效果。为什么会出现此种现象呢？主要是因为我省现行水污染防治立法规定的水污染防治行政监管体制依然是"垂直分级负责，横向多头管理"的体制。根据我省现行水污染防治立法，环保行政主管部门、水利行政主管部门、农业行政主管部门、城乡建设行政主管部门等十多个政府部门对水污染防治享有行政监管职权，不同政府部门适用不同法规文件的规定，而这些规定又未达成一致，进而导致了九龙治水，群龙无首的问题。此外，在我省水污染防治立法中，行政监管主体权责失衡问题也较为突出。相较于对水污染防治行政监管主体进行赋权的规则而言，规定水污染防治行政监管主体责任的条款少之又少。例如，《浙江省水污染防治条例》(2013)和《浙江省综合治水工作规定》(2014)对水污染防治行政监管主体的法律责任以及水污染防治行政责任追究主体的法律责任的规定均为空白。虽然《浙江省水污染防治条例》(2013)第六十二条和《浙江省综合治水工作规定》(2014)第四十条、第四十一条对政府及其部门的工作人员应受行政处分的法定情形做了规定，但是具体应受何种行政处分均未做规定。

3.对违法行为处罚的力度过小

"违法成本低，守法成本高"，对违法行为处罚的力度无法对污染者产生威慑力，排污者有以损害环境为代价换取经济利益的内在驱动，一直是水污染加剧的重要原因。为了解决此问题，《中华人民共和国水污染防治法》通过提高罚款数额上限(将某些违法行为的罚款数额上限设定为50万元和100万元)、取消罚款数额上限

(对某些违法行为按直接损失的20%和30%计算罚款)、倍数计罚(对某些违法行为处以应缴纳排污费数额的1～3倍或2～5倍的罚款)等措施,加大对违法行为处罚的力度。浙江省也通过《浙江省水污染防治条例》(2013)等法律文件的相关规定试图加大对违法行为处罚的力度。例如,《浙江省水污染防治条例》(2013)第五十七条和第五十八条分别对不正常使用水污染物处理设施和超标排放水污染物这两种违法行为的罚款标准和罚款上限做了规定,其中规定前一种违法行为的罚款标准为"处应缴排污费数额一倍以上三倍以下的罚款",罚款上限为"最高不超过一百万元",后一种违法行为的罚款标准为"处应缴排污费数额二倍以上五倍以下的罚款",罚款上限为"最高不超过二百万元"。这些规定从字面上看似乎加大了对违法行为的处罚力度,因为将不正常使用水污染物处理设施和超标排放水污染物这两种违法行为的罚款上限分别设定为一百万元和二百万元。但是,依据这两条规定实施罚款处罚的实际数额往往很低,远远达不到一百万元和二百万元的上限,因为以每年应缴纳的排污费作为罚款基数的罚款标准本身就偏低,即使按规定的最高倍数处罚,罚款数额也往往过低。据测算,浙江省绝大部分企业每年应缴纳的排污费数额较小,例如杭州全市92.94%的企业和湖州全市91.57%的企业按季应缴纳排污费在2500元以下,日排水量为100吨的中等规模电镀企业按季应缴纳排污费仅为382元。①

4.公众参与水污染防治的规定有待加强

公众的参与度直接关系到水污染防治工作能否达致预期效果,因为公众参与水污染防治有利于提高水污染防治决策的科学性,有利于节约水污染防治的成本,有利于营造良好的水污染防治社会风气,有利于增强公众的水污染防治意识。在这方面,《浙江省水污染防治条例》(2013)等重要地方法规文件尚存在不足,例如

---

① 《〈浙江省水污染防治条例〉解读》,http://www.zhejiang.gov.cn/art/2012/7/26/art_13939_39466.html,2009-11-1/2015-10-7。

《浙江省水污染防治条例》(2013)只有第六条对公众参与水污染防治做了原则性规定。该条规定,公众有参与水污染防治的权利和义务,县级以上人民政府及其有关主管部门有加强宣传教育以增强公众水污染防治意识以及对在水污染防治工作中做出显著成绩的单位和个人给予表彰和奖励的职责。但是,该条既未对公众参与水污染防治的具体途径和渠道做明确规定,也未对政府怠于履行上述职责应担负的法律责任做明确规定。《浙江省综合治水工作规定》(2014)在公众参与水污染防治方面有所突破,既就公众参与水污染防治的具体途径和渠道做了明确规定,又就政府保障公众参与水污染防治的职责做了明确规定,但是还存在诸多不足,例如仍未对政府怠于履行保障公众参与水污染防治的职责应担负的法律责任做明确规定。

(三)浙江省水污染防治立法的完善

1.提高法规文件的可操作性

法律贵在其确定性和可操作性,作为下位法的地方法规文件尤其应注重其拾遗补阙的功能,应从程序、方式、方法以及相关配套制度等方面细化上位法的原则性规定,突出地方特色。以重点水污染物排放总量控制制度为例,《浙江省水污染防治条例》(2013)等重要地方法规文件不能仅仅规定县级以上人民政府应当按照上一级人民政府的要求将重点水污染物排放总量控制指标分解落实到下一级人民政府,还应该对县级以上各级人民政府将重点水污染物排放总量控制指标分解落实到下一级人民政府的方法和程序做具体明确的规定。

2.完善水污染防治行政监管体制的规定

针对实践中存在的“九龙治水”混乱局面,浙江省应当完善水污染防治行政监管体制的规定。一方面应对各相关政府部门的具体职责进行具体细致的规定,另一方面应规定建立由政府负责人召集、由环保主管部门负责主持日常工作、由其他相关部门参与的水污染防治联席会议制度。关于后者,目前浙江省做出了大胆的探索和实践,例如目前浙江省人民政府内设有治水办和美丽浙江办承担相关协调职责。针对水污染防治行政监管主体权责失衡问题,浙江省可以从三方面完善相关立法。第一,应根据水污染防治行政监管主体工作人员滥用职权或玩忽职守的严重程度细化其应承担的法律责任、行政责任承担方式,使相关规定具体明确。第二,引入对环境监督主体的非行政处分方式,比如对怠于行使职权的工作人员取消其评奖评优的资格,造成严重环境污染后果构成犯罪的,则应追究其刑事责任。第三,水污染防治行政监管主体以及水污染防治行政监管行政责任追究主体的考核问责机制,唯有如此才能真正保证环境监管主体负责任的履行职责。

3.加大对违法行为的处罚力度

完善行政监管可以保障《条例》的有效执行,而提高污染者的违法成本则可有效发挥《条例》的预防、遏制和威慑作用。笔者认为,应从以下三方面加大处罚力度:第一,鉴于《条例》以应缴纳排污费作为罚款基数的标准过低,可以违法所得作为行政罚款基数,并规定罚款数额不得低于违法所得;第二,参照新《环境保护法》第五十九条的规定,对于拒不改正的违法者,自责令更改之日的次日起,按日计罚;第三,取消《条例》第五十七条、第五十八条规定的最高罚款上限。

4.完善公众参与水污染防治的规定

为提升公众参与水污染防治的热情,在修订《条例》的过程中,首先应建立水污染防治的信息公开制度和举报制度,接受公民的实时监督;其次,完善包括听证制度在内的公众参与机制,为公众参与和监督水污染防治工作拓宽渠道、提供便利;再次,吸收"五水共治"行动中各地建立的"河长制度",完善"河长"的确定、考核与奖惩等程序;最后,吸引民间资本投入到环保服务业务中去,促进水污染防治的市场化。

二、浙江省水污染防治执法实践

党中央、国务院对浙江治水历来极为关注,历届省委、省政府也高度重视。习近平同志在浙江工作期间,多次对治水工作做出重要指示和部署,一再强调要用科学发展的理念和方法来研究用水治水节水工作,认真抓好安全饮水、科学调水、有效节水、治理污水等“四水工程”建设。这些年来,通过3轮“811”行动、千万农民饮用水工程、水资源保障百亿工程、千里海塘、“强塘固房”工程等治水改革措施,浙江治水工作取得了阶段性成效。当前,浙江要再接再厉、一鼓作气,努力做好“五水共治”这篇大文章。

(一)“五水共治”战略推进全省进治水工作

1.提出“五水共治”战略

随着社会经济的不断发展,我省水资源供给和水环境保护的压力越来越大。为了扭转“江南水乡为水愁”的局面,2013年底召开的省委第十三届四次全会和全省经济工作会议上,省委、省政府以治水为突破口,做出了“五水共治”战略决策,决定全面推进治污水、防洪水、排涝水、保供水、抓节水。决定依靠“五水共治、治污先行”的思路,重点突破,分步推进,主要清理黑河、臭河、垃圾河,实现城镇截污纳管和农村污水处理、生活垃圾集中处理的基本覆盖,狠抓工业转型和农业转型,力争三年解决突出问题、五年基本解决问题、七年基本不出问题。“五水共治”也是浙江省全面治理环境、倒逼转型升级的重大战略举措。

2.实施“五水共治”战略,扎实推进治水

做出“五水共治”战略决策后,浙江省全面实施“五水共治”战略,扎实推进全省治水工作,在治理水污染方面取得了可喜的成果。据统计,2014年1—8月,全省累计完成垃圾河清理6442公里,累计完成黑臭河治理3636公里,已有62个建制镇污水处理设施开工(其中11个基本建成),完成了1377公里城镇污水管网建设,3500个村已完成生活污水治理设施的施工招投标,2316个村的生活污水治理设施已开工建设;上半年全省145个跨行政区域河流交接断面有87个满足功能要求,达标率为60%,其中Ⅰ～Ⅲ

类水质断面 89 个,占 61.4%。[1] 2015 年 1—7 月份,全省累计完成黑臭河治理投资 27 亿元,累计整治黑臭河 5043 公里;上半年列入确保消除劣 V 类水质的 4 个省控断面中,已经有 2 个断面消除劣 V 类水质。截至 2015 年 7 月底,全省六大行业整治已关停 2219 家,搬迁或整治提升 3449 家;全省 22 个特色小行业企业已经关闭 2557 家,完成整治提升 4423 家,完成搬迁入园企业 81 家,整治任务完成率达到 75%;畜禽养殖污染治理方面,已完成年生猪存栏 50 头以上的养殖场治理、设施修复改造和标准提升 9312 个,完成率 74.1%;在城镇污水处理厂建设和提标改造方面,全省已有 53 个城镇污水处理厂一级 A 提标改造项目开工,完成年度目标 65.4%,全省完成城镇污水配套管网建设 1948.1 公里,占年度目标的 97.4%。[2]

3. 督查"五水共治"的实施,推进治水执法

2015 年 7 月中旬到 8 月,浙江省治水办联合多部门在全省开展"五水共治"和环境保护"督查+执法"行动。本次行动由省治水办、环保厅、建设厅、省农业厅负责人组成 6 个工作组,以"明察+暗访"的形式,突出上下联动,带着问题和任务清单深入治水一线督查执法。在本次督查执法中,省、市、县三级环保部门联动,在各市、县(市、区)开展自查自纠的基础上,共立案查处环境违法案件 2021 件,其中温州、金华、台州、宁波、杭州、绍兴查处违法类案件数均达 200 件以上,移送公安案件 106 件,行政、刑事拘留 132 人。在本次督查执法过程中,督查组发现,部分县市"河长制"责任落实和制度执行依然不到位,部分城区仍然存在垃圾河、黑臭河治理盲区和死角;部分污水处理厂建设、提标改造进程偏慢,污水处理厂与配套管网建设规划不匹配,不协调,镇级污水处理厂管理不规范

---

① 《浙江省"五水共治"工作情况》,http://zjnews.zjol.com.cn/system/2014/08/11/020192309.shtml,2015-10-9。

② 《浙江省通报"五水共治"和"督查+执法"行动情况》,http://www.zjepb.gov.cn/shj/gzdt/shjxw/201509/t20150901_364795.htm,2015-10-9。

等。在企业污染治理方面，发现一些企业依然存在守法意识淡薄、管理不到位等现象，畜禽养殖污染治理任务仍然重，反弹压力大。结合本次督查执法发现的问题，省治水办计划深入推进"联动"执法机制，巩固督查执法成果，进一步加强源头管控；积极探索研究基层涉水综合执法、开展"五水共治"政策机制创新试点工作，推进治水的法制化进程。[①]

(二)海游街道"三双"策略推动治水工作长效化[②]

浙江省台州市三门县海游街道通过制定"三双"策略，统筹推进控源截污、河道治理、生态修复等各项治水工作，截至2015年9月11日，累计投入保洁资金382.5万元，清理河道长度达107.41公里，清理河道垃圾共计264.4吨，街道67条河道的水体质量全部得到明显改善。因治水工作成效显著，2014年该街道被台州市评为"治水工作"先进集体。

1.在人员和资金配置上"双保障"，确保工作任务全落实

一方面，细化工作要求，强化人员主体责任。严格落实"五个一"工作机制(一河一策一领导一河长一保洁员)，并实行"河长问责制"，对全街道67条主要河流进行责任包干，将治水任务层层落实、层层分解，把责任具体到每个人、每条河流。截至2015年9月，共配备市级河长1人，县级河长2人，乡镇级河长10人，村级河长54人，河道专职保洁员67人。各分段河长对总河长负责，分别负责部署年度治理工作任务，及时了解掌握治理工作进展情况，协调解决工作中的实际问题，切实推进各项工作。另一方面，拓宽融资渠道，确保资金全部到位。研究制定相关配套政策，街道财政根据"五水共治"年度计划及资金需求，积极整合政策资金，合理安排资金预算，全力保障相关项目建设。加大对上衔接力度，全力争取上

---

① 《浙江省通报"五水共治"和"督查＋执法"行动情况》，http://www.zjepb.gov.cn/shj/gzdt/shjxw/201509/t20150901_364795.htm，2015-10-9。

② 《海游街道"三双"策略推动治水工作长效化》，http://www.zjepb.gov.cn/shj/gzdt/zwdt/201509/t20150911_363576.htm，2015-9-29。

级部门的资金支持。拓宽融资渠道,做好与金融机构的对接,努力获取金融支持,创新项目包装,进一步构建多元支持的投入机制。目前累计投入资金 382.5 万元。

2. 在源头管控和日常管护上"双推动",确保河道污物零排放

一方面,加强源头管控,减少增量污染物。通过农村生活污水治理工程、农业面源综合治理及工业企业专项整治活动,推动城区截污纳管工程建设,避免生活污水、农业面源生产污水及工业废水直排入河道,减少人为因素造成的河道污染。截至 2015 年 9 月,在生活污染源管控方面,全街道 40 个农村生活污水治理项目村已完成 13 个,今年共有 12 村列入项目计划;在农业面源整治方面,共关停了 3 家养殖场;在工业污染源管控方面,共排查了 138 家工业企业,共排查出 70 家不符合排放标准的企业,并已及时发出整改通知书。另一方面,加强日常管护,清除存量污染物。推进岸上保洁与河道保洁一体化建设,适当提高保洁员薪资待遇,保洁员承担岸上保洁与河道保洁双重职责,避免垃圾倾倒入河道;通过 GPS 定位系统,对保洁员、监督员进行工作轨迹监管,敦促相关责任人员到岗到位、尽责尽力,并通过发动机关干部、村两委及党员干部、普通村民百姓等,结合集中行动和分块保洁的不同形式,全面进行治理管护。面向社会聘用保洁员 101 人,共发放 GPS 定位手机 101 部,本年度发动各级人员参与河道保洁共计 1282 人次。

3. 在考核督查和回访复查上"双路径",确保问题河道全整改

一方面,狠抓考核督查,倒逼工作进度。加强对每条河流的保洁员、监督员、河长等相关责任人员督查考核,实行定期检查与随机检查相结合方式按月进行考核排名,排名与年终考核挂钩;实行"河长制"分级考核,对河长工作实施情况予以考核管理,定期公布考核结果,并进行奖优罚劣。另一方面,完善回访复查,倒逼有效整改。对督查、暗访中发现的问题,提出整改意见,限期整改,并及时复查,对发现未整改或者整改不彻底者进行通报批评,并取消其年终评先评优资格;对于生活污染源和工业污染源在勒令整改后及时进行了回访,确保整改到位。2015 年 9 月已督查回访不合格

企业70家,其中落实整改69家,拒不整改1家,已通知媒体曝光该家企业,对企业主进行行政拘留并勒令停业整顿3个月;收到社会各类举报共计6例,答复整改6例,整改完毕5例,整改率83.33%。

(三)龙泉市探索实践“河段长制”工作①

龙泉市是三江之源,水系发达,其主要水系龙泉溪位于瓯江上游,只有出境水,没有入境水。为保护水生态,守护源头水,自2009年起,龙泉市在全省率先推出“河段长制”,启动水环境综合整治工作。2013年底,省委、省政府做出“五水共治”战略部署后,龙泉市委、市政府在总结2009年以来治水护水经验的基础上,制定了《龙泉市“河长制”实施方案》,全面建立完善县、乡、村三级河长制,以破竹之势推进“五水共治”工作。通过7年治水,近年来该市地表水环境功能区水质达标率始终保持100%。

1.率先推出“河段长制”,走在前列

一是早认识,治水工作提上日程。2009年紧水滩水库局部水域出现蓝藻异常增殖现象,龙泉市委、市政府充分认识到水环境综合整治刻不容缓,并将其作为生态市创建的重要载体正式列入全市重点工作,迅速成立了以市长为组长,各分管副市长为副组长,发改局、环保局、水利局等18个单位主要负责人为成员的水环境综合整治工作领导小组,制订并组织实施《水环境综合整治工作的实施意见》。各部门、乡镇(街道)成立相应组织机构,责任层层落实分解,治水工作正式拉开帷幕。二是早部署,“河段长制”初步建立。该市率先推出水环境质量“河段长负责制”,由各乡镇长担任河段长,建立分流域分乡镇监管责任体系。同时,环保部门每月对18个乡镇地表水交接断面的水样进行监测并通报,由市领导对交接断面水质超标的“河段长”进行约谈,并将水质状况纳入乡镇综

---

① 《河段长携手七年治水路　沥心血守护八百里瓯江源——龙泉市探索实践“河段长制”工作的经验做法》,http://www.zjepb.gov.cn/shj/gzdt/zwdt/201509/t20150911_363687.htm,2015-9-29。

合考核中,考核机制初步形成,“河段长制”显现雏形。三是早启动,水环境整治初见成效。2009 年市委、市政府出台《水环境综合整治工作的实施意见》,大力开展工业污染防治、农林业面源污染防治、库区水生态系统修复、城乡环保基础设施建设等工作。全面推开“一心五点”工业园区工业废水集中处理设施建设;严格执行《龙泉市畜禽养殖禁养区限养区划分方案》《龙泉市畜禽养殖排污综合整治方案》,大力推广农牧结合、沼气化资源循环利用等生态养殖,完成库区禁养区内养殖场搬迁;大力开展绿化造林,加强水源涵养林建设,全市森林覆盖率保持在 84%以上;建立河道库面保洁长效保洁机制;紧水滩库区(龙泉段)网箱养殖全面取缔,全市水域全面禁止炸鱼、毒鱼、电鱼,部分水域禁止网鱼;禁止紧水滩库区及库区正常水位外延 200 米范围的一切采砂活动;铺设污水管道 8000 米,建成溪南污水处理厂并投入使用,启动溪北污水处理厂建设工作;333 个行政村实行垃圾集中收集处理,155 个村开展生活污水处理,水环境综合整治工作初见成效。

2.完善龙泉特色“河段长制”,干在实处

一是一河一策全面消灭三河成效显著。2014 年初,该市按照“五水共治”统一部署,进一步完善“河段长制”,一季度如期实现消灭 87 条共 462 公里垃圾河目标;坚持“一河一策”“一表一图”,全市 11 条黑臭河由 6 位河长牵头抓总,并在《今日龙泉》进行公示限时完成整治,通过实施截污纳管、养殖场搬迁、餐饮业整治等有效措施,9 月底如期完成“基本消灭黑臭河”治理目标。今年计划提升治理黑臭河 5.9 公里,在“治好”的基础上“治美”黑臭河,并积极开展“清三河”达标县创建工作。二是项目细化实现治水工程推进加速。2015 年 7 月份,该市将 26 个重点治水项目细分为 153 个单体或区段项目,排出 7—12 月份每月建设项目计划情况表,建立责任体系。治水办制定《“五水共治”重点项目督查实施方案》,实行项目进度“一月一通报”。各市级河长开展“五水共治”调研、检查、督查 180 余次;市委组织部将“五水共治”工作列入“干部实绩评星”主要内容,全市有 2 个单位因治水工作推进不力,其主要负责人不得评为五星级;市纪委对 26 个治水重点项目共开展治水专项行动 4 次,督促整改突出问题 4 个,问责干部 2 人;市委宣传部充分利用“声、屏、报、网、微”各大平台共刊播相关稿件 326 篇次;市公安局共参与保障性行动 50 余次,与市环保局联动查处环境污染案件 10 起,行政拘留 2 人,刑事拘留 6 人,逮捕 4 人。通过“市领导领着干、组织部跟着干、纪委督着干、宣传部喊着干、公安护着干、治水干部拼命干”的“六干”模式,有效实现“五水共治”项目加速推进。截至 7 月底,26 个重点建设项目累计完成投资 3.71 亿元,完成率 65.2%,在丽水 11 个县市区中(包括市本级)排名第 3 位,较 5 月份上升了 7 位。三是乡规民约约出治水美村精彩纷呈。各乡、村级河长因地制宜,建立健全治水乡规民约。如:城北乡创新“东书模式”推动“垃圾革命”,开办置换超市开创农药包装物回收处理先河;岩樟乡开创“石坑模式”推开垃圾分类试点工作;竹垟乡建立“一把扫帚扫全乡”机制确保保洁效果;屏南镇聘请农民摄影家担任治水监督员;兰巨乡开办有机肥加工厂让废菌棒“变废为宝”。今年开展的“十大治水美村”评选活动,全面展现了各乡镇(街道)、村(社区)取得的明显成效。

3. 打造无缝对接的“河段长制”,又严又实

一是属地管理明确责任不落一村。全市 20 位市领导担任市域范围内 24 条市、县级河流共 43 个河段的县级河长,164 位乡镇领导担任辖区内的乡镇级河长,453 个行政村、社区干部担任村级(社区)河长。19 个乡镇(街道)分别设立乡镇级总河长及河长办,由乡镇长(街道主任)担任乡镇级总河长,实行属地管理,对乡镇交接断面水质负责、对上级河长负责,对责任区域村级河长负领导监督责任,落实责任区域内管、治、保“三位一体”职责,切实落实长效保洁机制。明确各县级河长联系部门承担县级河长的日常协调工作,由各市级河长牵头抓总,形成“村村有河长、层层有监督、事事有落实”的“河长制”工作全覆盖责任体系。今年,乡镇级河长开展巡查、督查 510 余次,交办 230 余次,协调 40 余次,解决问题 210 余个。二是职责清晰、重点突出、不漏一事。各级河长把“摸家底、推

项目、清三河、两转型、两覆盖、管长效、治五水”作为河长制工作重点内容纳入日常工作。各县级河段分别由联系部门牵头编制“个性河长工作手册”,内容涵盖责任区域三级河长表、河长网格图、“河长制”实施方案、“河长制”工作年度计划、乡镇交接断面水质情况月记录表、联席会议记录表、问题交办单、河长巡查记录表、河长巡查报告等,要求手册全面反映河长制工作概况和轨迹,内容全覆盖、时序不间断,切实做到“一本手册管到底”,18 本县级河长工作手册清晰展现“河长制”工作全貌。三是完善制度畅通流程不错一环。建立健全公示报告制度、河长巡查制度、投诉举报受理制度、督查指导制度、联席会议制度、考核制度等制度,确保按制度办事有章可循。对计划制订、手册制作、报告撰写、问题移交等工作流程一一做规定,明确要求有河长审核签字并在规定时限报送,确保各项工作互相监督有制约、环环相扣不脱节。四是严明督考倒逼推进不遗一责。对 23 个乡镇地表水交接断面水质实行月监测通报制度,对 11 条黑臭河水质分断面监测、分析,并实行月通报,严密监控各河段水质变化情况,水质状况纳入河长与河长制考核。今年以来,市治水办共开展督查 30 余次,发出每月指导 7 期、督查通报 7 期、每月河道断面水质情况通报 7 期,发出治水交办单 11 份。进一步完善修订《“河长制”工作考核办法》,切实将河长制工作平时督查与绩效评价有机结合,与河长个人业绩有效挂钩,并建立“河长制”工作通报制度,三级河长联动、月度联合督查、季度例会推进、年度综合考核“四大河长工作机制”,通报约谈、暗访曝光、联动交办“三大河长工作督查机制”,通过考核督查机制常态化的有力保障,倒逼各责任主体狠抓落实。

(四)青田全力以赴打好治水“四大战役”[①]

2015 年,青田县坚守治水信念,持之以恒抓落实,通过创新机

---

① 《青田全力以赴打好治水“四大战役”》,http://www.zjepb.gov.cn/shj/gzdt/zwdt/201508/t20150806_356775.htm,2015-9-29。

制、铁拳治污、强推项目、规范提升等手段,全力以赴打好治水“四大战役”。

1.创新机制,打好治水“预备战”

创新“3+2”工作机制,即编织“三张网”、罗列“两张清单”,实现治水工作精细化管理,打好治水“预备战”。一是密布网,精监管。编织“环境监管网”,建立“关口长”制度,即重点河段的雨水口、污水口落实专人负责监管。在原有10个水质监测断面的基础上,增设6个支流监测断面。同时,对重点排污口每月监测,对重点企业的监测由每季度1次增加到每月1次;编织“河道监控网”,在原有16条重点河道21个监视点的基础上,增设8个监视点,对水雨情信息、河道保洁、采砂等进行实时监控,定期分析地表水环境质量变化,绘制趋势图,跟踪水质变化;编织“社会监督网”,组建38支“五水共治”义务监督队,开展监督活动32次。同时,发挥网络曝光台、微信红黑榜、手机随手拍等平台作用,拓宽舆论监督渠道。上半年共开展明察暗访23次,曝光问题57个,全部整改到位。二是列清单,细工作。罗列目标任务清单,细化年度治水任务,责任到人,倒排时间。目前,治水4个业务组均已完成清单制定;问题负面清单,以环境保护大检查和全面清理违法违规建设项目环保专项行动为契机,结合工业投资负面清单管理、环境功能区划分等工作,开展“查死角、防反弹”专项行动,彻底排查河道、园区内外企业底数,同时建立治水负面清单管理制度。上半年已锁定年度目标任务1140个,51条县级以上河道全面完成负面清单和目标任务清单。

2.铁拳治污,打好治水“保卫战”

坚持治污先行,以铁腕治污的魄力,优化产业结构,推动转型升级,打好治水“保卫战”。一是优条件,快步伐。成立县主要领导挂帅的领导小组形成强有力的工作推进机制。科学制定18个重点行业的专项整治方案,明确要求,细化措施,深入整治。研究制定重点行业整治的专项帮扶措施,通过强化资金保障、政策优惠等措施,为企业转型创造良好条件,加快企业整治步伐。2015年,计划投资6亿元推动企业整治工作。二是出重拳，逼转型。围绕企业污染整治目标，严格干部执纪问责，加强环境执法力度，同时，发动社会力量参与监督，在侨报、青田网设置“曝光台”，在全市率先推出首档舆论监督类栏目《每周聚焦》，保持持续高压态势倒逼企业转型升级。上半年，立案查处14起，处罚金额75.25万元。全县已累计整治提升186家，关停淘汰97家。三是治面源，控源头。综合运用“关停、整治、绿化”等措施，开展农业面源污染整治。畜禽养殖行业已完成整治68家，其中关停34家，搬迁4家，改造提升30家。推广测土配方施肥7.9万亩，化肥减量10吨，推广病虫害统防统治1.6万亩，农药减量2.39吨，推广商品有机肥0.34万吨，建设标准化水禽场1个，启动现代生态循环农业示范区建设1个，启动现代生态循环农业示范主体建设8个。

3.强推项目，打好治水“攻坚战”

按照“治水项目化、项目图表化、责任时间化”要求，重点抓治水项目进度，打好治水“攻坚战”。一是挖项目，力建库。牢固树立“项目带动，稳固基础”的治水理念，立足认真调研，深挖治水项目。今年，计划安排治水项目81个，投资14.17亿元。其中36个重点项目已开工31个，完成投资6.03亿元，其中青田县水利枢纽工程，已完成年度总投资的28.65%。二是抓督办，提进度。开展项目“百日攻坚”，以进度低于50%和未开工的项目为攻坚重点，通过限时督办、评判问责、曝光台等督促措施，确保项目按时推进。上半年农村河道综合整治5.4公里，已完成年度任务的108%，192个农村生活污水治理项目已全部开工，整治河道2.15公里，完成年度任务86%，新建供水管网3.6公里，改造供水管网2.75公里，30个村的饮用水设施改造提升项目已完成年度投资额的58.4%，改善农村饮水9087人，已完成年度任务的91%。

4.规范提升，打好治水“持久战”

坚定“誓将治水进行到底”的信念，全力以赴打好“五水共治”组合拳。一是河长制，推健全。在已实现河库全覆盖的基础上，制定出台了《关于深化河库长制度的通知》，落实一线巡查、例会报告、公开公示等措施，建立健全河长制办公室，每位县级河库长每月至少现场巡查 2 次、听取汇报 1 次，确保 36 位县级河长履职到位。二是多层面，协治水。健全上下游协同治水机制，切实发挥县级河长在上下游协同治水中的积极作用，完善河流上下游联席会议、重点项目协同推进、联合督查等制度。同时，深化民主监督机制，聘请县人大代表、政协委员、知名人士、乡贤等，组建"五水共治"监督员，定期开展监督活动。形成多层面协同治水的格局。三是重宣教，营氛围。开展一堂课、一棵树、一滴水、一江水、一台戏"五个一"主题宣传活动，让"五水共治"走进机关、乡村、社区、学校、企业，继续深化"一元计划"，发动广大群众参与到治水中来，营造人人参与的社会氛围。

三、浙江省水污染防治司法实践

司法是水污染防治整体格局的重要环节，司法工作的参与能够使水污染防治大格局更为健全和完善，水污染防治大格局中不能缺少司法机关的介入。水污染存在着涉及面广、易扩散、难逆转等特性，因而司法必须及时介入以避免损害结果的扩大。但是，传统司法与行政实行完全分离的双轨制，司法注重其谦抑性，与行政机关间缺乏有效的配合与监督，导致部分触犯刑事法律的水污染案件仅以行政处罚替代，或司法在介入时机上延迟，从而致使损害结果扩大。为促进生态文明建设司法保障模式的进一步发展与完善，我国各地都以司法与执法的协同为导向，探索与实践推进包括水污染防治司法在内的环保司法的途径。浙江省水污染防治司法实践到底怎么样呢？

（一）浙江省水污染防治司法实践现状与突破

随着环境问题的不断发展和社会各界对环境问题的认识不断深化，浙江省逐步加大了对环境违法行为的司法打击力度。例如，2012 至 2013 年浙江省受理的环境刑事案件仅 3 件，但随着社会对环境的重视和环境司法的发展，2014 年 5 月至 12 月浙江省受理的环境刑事案件就达到了147件,涉案人员达到290人,且通过依法审理受到刑事处罚的人数达到2/3以上。[①] 近年来,水污染治理一直是浙江环保工作乃至整个政府工作的重点,因此比较重视水污染防治司法工作,审理了不少水污染防治方面的案件。2015年9月29日,在“浙江法院公开网”的“裁判文书”页面,以“水污染”为关键词,可检索到民事案件91件,行政案件180件,刑事案件64件。2010年9月27日上午,浙江省高院召开“纪念行政诉讼法实施20周年”新闻发布会,通报了浙江省20年来法院行政审判工作的基本情况,公布了20年来影响浙江省行政诉讼的十大典型案例。在这十个典型案例中,有2个案例是关于水污染防治方面的案例,它们分别是“宁海县豆豆乐豆制品厂环保行政处罚强制执行案”和“桐乡市惠全制衣有限公司环保行政处罚上诉案”。[②] 浙江省水污染防治司法实践的突破主要有如下几个方面:

1.建立环保部门与检察机关联动协作的机制,推进水污染防治司法

环境保护问题涉及人民群众生活和社会和谐稳定,是社会各界关注的热点之一。检察机关如何运用法律监督职能,在环境保护领域发挥应有的作用,是当前民事行政检察工作一项全新的课题。我国许多省市对该课题进行积极探索和实践。例如,2012年12月8日昆明市人民检察院新增添了环境资源检察处,主要承担环境资源保护领域相关案件的侦查、预防、审查起诉及公益诉讼、调研、宣传等工作。浙江省在运用检察机关法律监督职能推进包括水污染防治司法在内的环保司法方面取得了一定的突破。2009年6月5日嘉兴市南湖区人民检察院会同区环保局制定了《关于环境保护公益诉讼的若干意见》,就民事行政检察对环境污染案件的

① 杨丹等:《浙江省“五水共治”的司法保障机制研究》,《中国环境管理干部学院学报》2015年第2期,第25页。

② 余春红等:《浙江高院发布行政审判十个典型案例》,《法制日报》2014年11月24日,第1版。

监督做出了具体规定，区别不同情形，采取支持起诉、督促起诉、民事公诉等方式予以监督。这是浙江省首次以文件形式规定了监察机关参与环境保护工作。当年嘉兴市的秀洲区和海宁市也与相应环保部门签署了类似文件。当年全嘉兴市的检察机关共办理相关案件19件。2010年5月嘉兴市人民检察院与嘉兴市环保局共同出台了《关于环境保护公益诉讼的若干意见》（在全省设区的市的检察院里属首家）。随后，成立了领导小组（检察院分管检察长与环保局副局长均为领导小组成员），召开联席会议，在全嘉兴市全面推行此项工作。浙江省人民检察院对此项工作给予了肯定。2010年8月浙江省检察院和浙江省环保厅联合出台了《关于积极运用民事行政检察职能加强环境保护的意见》，在全省尝试开展此项工作。该《意见》明确要求建立健全运用民事行政检察职能加强环境保护的一系列长效协作机制，共同保护浙江的环境资源。①2011年浙江省平湖市检察院以原告身份对嘉兴市绿谊环保服务有限公司违法倾倒污泥，造成严重的饮用水水源污染提起诉讼，请求法院判令诉嘉兴市绿谊环保服务有限公司等5被告赔偿因环境污染造成的直接经济损失计人民币54.1万余元，同时承担本案诉讼费。此诉讼被称为浙江第一例以检察机关为原告的环境公益诉讼，它起到了良好的示范效应。

2.建立环保部门与公安部门联动执法的机制，推进水污染防治司法

长期以来，水污染防治行政执法领域一直受到"守法成本高、违法成本低"的困扰，迫切需要司法提供强有力的保障。近年来，严重的水污染犯罪行为常有发生，迫切需要通过水污染防治司法程序来追究犯罪者的刑事责任。因此，必须强化行政机关与司法机关的有效配合，实现水污染防治行政执法与刑事司法的有序衔接，形成有效遏制恶性水污染事件发生的有效机制。按我国现行

① 《嘉兴市院民行处向全省介绍环境保护公益诉讼工作经验》，http://www.jiaxing.jcy.gov.cn/jcyw/2011/2011-05-25/15084.html，2015-10-8。

体制,环保部门是水污染防治的行政主管部门,是最主要、最全面和最经常的水污染防治行政执法主体,最易于及时发现水污染犯罪行为,但是环保部门不是水污染犯罪刑事诉讼的主要诉讼主体,无权对水污染犯罪行为进行立案和侦查;公安机关是国家的侦查机关,行使国家的侦查权,负责绝大多数水污染犯罪刑事案件的立案和侦查工作,肩负着查清犯罪事实、查获犯罪嫌疑人、收集犯罪证据的职责,为人民检察院的起诉工作和人民法院的审判工作奠定事实基础,没有公安机关,水污染犯罪案件的立案侦查就无从谈起,水污染犯罪刑事诉讼也就不会开始,但是公安机关不是主要的水污染防治行政执法主体,无法及时发现水污染犯罪行为。因此,要加强行政机关与司法机关的配合,实现水污染防治行政执法与刑事司法的有序衔接,必须先加强环保部门与公安部门执法配合,实现环保部门执法与公安部门执法的衔接。为了推进水污染犯罪刑事司法,有效遏制恶性水污染事件发生,我国许多省市积极探索和实践环保部门和公安部门水污染防治执法联动协作机制,取得了不错的成绩。例如,自2008年开始云南省昆明市在全国率先试水环保、公安联合执法,通过创新机制为保护生态环境探索新路。2008年11月5日昆明市人民检察院、昆明市中级人民法院、昆明市公安局和昆明市环境保护局联合出台了《关于建立环境保护执法协调机制的实施意见》,明确要求建立环境保护执法联席会议制度,规定环保部门、公安机关、人民检察院和人民法院每个季度定期举行联席会议。2008年11月25日云南省昆明市公安局设立了我国首个环保公安分局——昆明市公安局环境保护分局,组建环保警察队伍,负责昆明市内的环境保护刑事执法工作,专司打击环境保护方面的违法犯罪行为。浙江省也进行了积极的探索和实践,并取得了一定的突破。2012年初浙江省委常委、公安厅厅长刘力伟专门听取了省环保厅关于加强环保、公安协作等内容的工作汇报,并要求全省公安机关全力配合做好此项工作。2012年4月10日浙江省环保厅和公安厅联合下发了《关于建立环保公安部门环境执法联动协作机制的意见》,要求尽快建立环保、公安部门环境执法联动协作机制。2012 年 6 月 21 日全省环保、公安部门联合执法机制启动，并同时开展了联合执法行动月。在此次联合执法行动中，两部门共开展联合执法检查 418 次，检查企业 2753 家，查处环境违法案件 398 起，其中由环保部门移送公安机关 94 起，刑事拘留 5 人，治安拘留 74 人。为了实施该《意见》，各地公安机关积极争取党委、政府的支持，加强人、财、物的投入，积极建设公安驻环保工作联络室，确保机构建设和人员配备到位。据了解，目前，全省 11 个市均已设立公安驻环保工作联络室，84 个县（市、区）（包括开发区）也都设立了公安驻环保工作联络室。其中，绍兴市公安局成立了环境执法大队，作为市公安局派驻市环保局的环境执法机构，并派出 2 名民警、3 名协警驻市环保局开展环境执法工作。绍兴县则设立了环保警务室。县政府专门拨出 30 万元的保障经费。环保警务室配备 1 辆警务车，有 3 名民警常驻。同时，还采取切实可行的措施进一步健全了联动协作机制。例如，从 2012 年起，全省各地环保、公安部门通过集中培训、相互派员培训等形式，重点加强案件调查取证、移送办理及有关法律适用知识等方面的培训，切实提升了环境违法案件的办理水平。各地环保、公安部门紧紧围绕环境违法犯罪案件侦办工作，通过开展经常性地信息交流、通报，强化案件会商、案件移送等制度建设，进一步健全了联动协作机制。台州市将联席会议、案件会商制度扩大到纪检监察、检察院、法院、工商等部门，形成了案件调查、移送、起诉、执行"一条龙"。①

3. 环保司法专门化，推进水污染防治司法

环境司法专门化，是指国家或地方设置专门的审判机关，或者现有的人民法院在其内部设置专门的审判机构或组织，对环保案件进行专项审理。司法作为生态文明建设制度保障的关键一环，必须顺应生态文明建设社会化、专业化等特性。环境问题与民事、

① 《浙江健全完善环保、公安部门环境执法联动协作机制 11 个市均设立公安驻环保工作联络室》，《人民公安报》2013 年 2 月 20 日，第 1 版。

行政甚至刑事问题混杂交叉,环境的生态功能,环境损害认定和评估的科学性,环境要素是否可恢复,环境损害行为与损害结果的因果关系如何证明和认定等,都是非常专业的问题,这些问题对案源、程序、法官水平等提出了特殊要求,决定了环保案件的审理必须走专业化的发展道路。成立专门的环保法院或环保法庭,是国际上许多国家为了强化环境保护所采取的一个通行做法。例如,1979 年澳大利亚新南威尔士州成立了世界第一家环保法院"土地与环境法院"。1990 年美国佛蒙特州创立了美国最早也是目前唯一的专门环境法院"佛蒙特州环境法院"。1969 年瑞典在出台第一部环境法之后便随即成立了环境法庭,以便快速有效地处罚环境破坏犯罪行为。[①] 近年来,我国已经开始了环保司法专门化的探索和实践。2007 年 11 月 20 日我国第一家环境保护审判庭和第一家具有独立建制的环境保护法庭在贵州省清镇市人民法院成立,开启了我国环保司法专门化的进程。2008 年 5 月 6 日江苏省首个环境保护审判庭在无锡市中级人民法院挂牌,江阴、宜兴、滨湖区、锡山区和惠山区法院同时设立环境保护合议庭。2008 年 8 月 25 号常州市新北区人民法院"环保巡回法庭"正式成立并挂牌运作,这是常州市法院系统设立的第一家环保专用的巡回法庭,设在常州市环境监测支队内。2008 年 12 月,在阳宗海砷污染事件发生后,昆明、玉溪市中级人民法院临危受命,在公众和舆论的关注下,分别成立了环境保护审判庭,负责审理区域范围内涉及环境保护的公益诉讼的刑事、民事、行政案件。据统计,截至 2014 年 9 月,全国已有 20 个省、自治区、直辖市设立了 365 个环境资源法庭、合议庭或巡回法庭。[②] 2014 年 6 月全国人大常委会批准最高人民法院设立环境资源审判庭。这一决定不仅意味着我国的环境司法工作将

---

① 谷望舒等:《国外环境法院是如何运作的》,http://www.legalweekly.cn/index.php/Index/article/id/5275,2015-10-12。

② 姚伊乐:《加大环境生态资源司法保护力度》,《中国环境报》2014 年 10 月 22 日,第 5 版。

迈向一个新的台阶，还标志着由环境立法、环境行政和环境司法构成的中国生态文明法治建设的框架已初步建立。浙江省在环境司法专门化方面也做了探索和实践，取得了一定的突破。例如，2014年7月温州市中级人民法院成立了浙江省首家中级人民法院环境保护专门审判机构——环境资源合议庭。该环境资源合议庭由温州中院民一庭设立，专门负责涉环境资源民事案件的审判工作。该环境资源合议庭团队6名成员全部具有丰富的民事审判工作经验，且均具有硕士以上学历。

（二）浙江省水污染防治司法实践存在的问题

司法作为正义的后盾，但从"五水共治"目前发展的全局来看，存在只紧紧盯住治水项目建设而对司法监督这一环节未予重视的现象，司法在现今浙江省水污染防治中的作用并未充分发挥。浙江省人民法院每年审理的有关环保的案件之数量就可以说明这一点。据浙江省高级人民法院通报，2013年浙江省有关环保的案件从数量上并不多，全省法院一审审结污染环境罪案件22件，判处罪犯35人，最高被判处3年6个月；一审审结环境污染损害赔偿责任纠纷案件12件；依法裁定2287件环境污染行政处罚案件准予执行。①

1. 水污染公益诉讼太少

很多时候，水污染损害的是国家的利益和不特定公民的利益，污染受害者无法通过私益诉讼来追究污染者的污染侵权损害赔偿责任，只能由享有公益诉讼原告资格的主体通过公益诉讼来追究污染者的污染侵权损害赔偿责任。因此，水污染公益诉讼应在水污染防治司法中占据十分重要地位。虽然《中华人民共和国民事诉讼法》（2012年修正）已经赋予环保民间组织向人民法院提起环境公益诉讼的主体资格。2013年浙江省及其每个地级市都明确指

---

① 《浙江去年环保公益诉讼交白卷 高院院长吁 NGO 勇担责》，http://www.chinanews.com/fz/2014/01-20/5758463.shtml，2015-10-8。

定了一个环保公益组织作为环保公益诉讼主体。但是，近几年浙江省人民法院审理的环境公益诉讼案件仍然寥寥无几。据浙江省高级人民法院院长齐奇介绍，2013 年浙江省由环保公益组织提起的环境公益诉讼案件的数量仍为零。① 2012 年全国首次受理环保公益诉讼的海宁市法院相关负责人也向浙江在线记者反映，这两年来没有受理过一件公益诉讼案件。②

2. 环境司法专门化进展不大

虽然浙江省在环境司法专门化方面也做了探索和实践，但是总体来说进展不大，与许多省相比存在很大差距。具体体现在下列两个方面：第一，浙江省专门的环境审判机构或组织数量太少。不少省市在环境审判机构或组织设立方面步伐迈得很大，设立了很多环境审判机构或组织。例如，截至 2013 年 12 月 31 日，江苏省全省已有 37 家人民法院设立了环境保护的专门审判机构，包括环境保护审判庭、合议庭和巡回法庭。③ 但是，浙江省设立的环境审判机构或组织数量很少，只有温州市中级人民法院等少数法院设立了环境审判机构或组织。第二，浙江省已有的环境审判机构或组织的审判模式还比较保守。我国许多省市设立了专门的环境法庭，这些环境法庭采用的审判模式分两种，一种是"四审合一"（民事、刑事、行政、执行）模式，另一种是"三审合一"（民事、刑事、行政）模式。"四审合一"模式指环境刑事案件、环境民事案件、环境行政案件以及环境案件的执行都由环境法庭负责的审判模式。贵阳和无锡环保法庭采用的是"四审合一"模式。"三审合一"模式指环境刑事案件、环境民事案件和环境行政案件由环境法庭负责，但

---

① 《浙江去年环保公益诉讼交白卷 高院院长吁 NGO 勇担责》，http://www.chinanews.com/fz/2014/01-20/5758463.shtml，2015-10-8。

② 马丽红：《法院敞开大门立案 公益诉讼立案还是"遇冷"》，http://zjnews.zjol.com.cn/system/2015/06/18/020703072.shtml，2015-10-8。

③ 汪兴国等：《江苏省环保法庭的现实困境及机制完善》，《南京社会科学》2014 年第 4 期，第 147 页。

环境案件的执行由传统的执行庭负责的审判模式。云南环保法庭采用的是"三审合一"模式。无论是"三审合一"模式还是"四审合一"模式，都有利于环境案件的一体化解决，有助司法能动性的提高。我省还没有法院设立环保法庭，只有温州市中级人民法院等少数法院设立了环境合议庭。这种环境合议庭设在民事审判庭下，只负责环境民事案件的审理。因此，我省目前的环境审批机构采用的审批模式是单一模式（民事）。这种单一的审批模式不利于环境案件的一体化解决。

（三）浙江省水污染防治司法实践的进一步推进

严厉打击水污染犯罪是保障水生态建设的必要手段，也是向制造污染的企业单位和个人昭示治水决心的必然方式。面对恶劣的水污染事件，司法保障必须亮剑，司法保障机制值得进一步研究和完善。

1. 大力推进水污染公益诉讼

水污染公益诉讼应在水污染防治司法中占据十分重要的地位，但是近几年浙江省人民法院审理的环境公益诉讼案件寥寥无几。因此，当前推进浙江省水污染防治司法实践的一个重要方面就是大力推进水污染公益诉讼。大力推进水污染公益诉讼应从下列两个方面着手。一方面，明确肯定检察机关作为原告提起环境公益诉讼的资格，采取有效的政策和措施推动检察机关提起环境公益诉讼，为环保团体提起环境公益诉讼提供示范。检察机关是代表公共利益的国家机关，符合公益诉讼主体资格的要求。检察机关一直是我国公益诉讼的法定主体，我国的刑事公诉案件都是由检察机关作为公诉人向人民法院提起的，因此检察机关具备担任公益诉讼原告所需的经验、知识、资金、人才等条件和能力，在环境公益诉讼起诉主体缺位的情况下由检察机关适时介入比较合适。另一方，明确肯定环保公益组织作为原告提起环境公益诉讼的资格，采取有效的政策和措施推动环保公益组织提起环境公益诉讼。目前环保公益组织不愿意作为原告提起环境公益诉讼的主要原因是“有心无力”，即没有提起环境公益诉讼所需的法律人员，没有足够的资金和精力去从事环境公益诉讼。因此，我省应制定政策和措施，给环保公益组织提起环境公益诉讼提供资金和人员方面的支持。

2. 创新环境司法专门化试点

我国各地相继设立环保法庭并开展司法活动，依法审理了一批环境污染案件，积累了环保法庭运作和环境司法审判的经验。根据我省的实际，借鉴其他省市的经验，当前我省应着力于进行设立环境法庭的试点，因为设立专门的环保法庭，采用环境刑事案件、环境民事案件、环境行政案件以及执行工作“四合一”的审判执行模式，有利于环境案件的一体化解决，更有助于司法能动性的提高。为了解决我省专门的环境审判机构或组织数量太少的问题，我省应在杭州、嘉兴、金华、宁波、台州等环境污染尤其水污染典型地区相继试点设立环保法庭，推进环境司法专门化。

（四）浙江省水污染防治司法典型案例

1. “平湖市检察院诉绿谊公司等 5 被告环境污染责任纠纷案”①

第一，基本案情。2010 年 9 月至 10 月间，被告海宁蒙努集团有限公司等 4 家公司（以下简称“蒙努集团等四被告”）将在制革生产过程中所产生的含铬污泥，委托给被告嘉兴市绿谊环保服务有限公司（以下简称“绿谊公司”）进行处理。绿谊公司接受委托之后，将 5000 余吨含铬污泥倾倒在平湖市当湖街道大胜村林角圩桥西南侧的池塘内，而没有依约和依法进行处理。而该区域属平湖市饮用水水源二级保护区。2010 年 11 月，接到群众举报后，平湖市环保局立即立案调查，最终认定绿谊公司的倾倒行为严重污染

① 董碧水：《平湖市：五千吨“铬毒”倾入饮水源》，《中国青年报》2011 年 12 月 3 日，第 2 版；丁谨之等：《公益诉讼，期待重启》，《浙江日报》2014 年 12 月 10 日，第 15 版。

水环境及周边环境,限其一个月内清除污泥,并罚款人民币50000元。为防止污染扩大和清除污泥时发生次生污染,政府部门进行相关处置工作,共产生各项费用54.1万余元。虽然做出了行政处罚,但受处罚金额上限的限制,处罚力度明显太小,远远不够赔偿公益的损失,无法对违法企业起到惩戒作用。经多方协调,由平湖市检察院向平湖市人民法院提起公益诉讼,追究环境违法行为人的民事责任,请求法院判令5被告赔偿因环境污染造成的直接经济损失计人民币54.1万余元并承担本案诉讼费。

第二,裁判结果。因浙江宏昌制革有限公司等3被告当天未到庭参加诉讼,故法院未能组织调解。当庭参加诉讼的公益诉讼原告和两被告均愿意庭外自行协商,法庭予以准许,未当庭做出判决。最终,经双方协商,法院调解结案。被告方支付了因环境污染造成的直接经济损失541373元,并承担案件受理费。

第三,典型意义。此案是浙江环境公益诉讼先行先试的"破冰"之举,是浙江省首例由检察机关提起的环境保护公益诉讼案,是检察机关参与环境保护的典型案例。此次诉讼对浙江省来说是一次司法创新,肯定了检察机关在一定条件下作为原告提起环境公益诉讼的可行性和有效性。这场诉讼引导浙江省社会各界积极参与到保护环境的行动中来,推动浙江省环境公益诉讼的进一步发展,促进浙江省建立和完善环境公益诉讼的法律机制。此案入选了当年浙江十大法治新闻事件,并被《法制日报》列为"2011年中国十大影响性诉讼"。

2."宁海县豆豆乐豆制品厂环保行政处罚强制执行案"

第一,基本案情。2013年5月28日,宁海县环境保护局做出宁环行罚决字〔2013〕第5号行政处罚决定,认定宁海县豆豆乐豆制品厂在需要配套建设的环境保护设施未经环境保护部门验收合格的情况下,即投入豆制品加工生产,给周边水域造成了污染,违反了《建设项目环境保护管理条例》第二十三条之规定。故依照该《条例》第二十八条之规定,对该厂做出责令立即停止豆制品加工生产、罚款人民币4万元的处罚。该厂收到该行政处罚决定后,在法定期限内未申请行政复议或者提起行政诉讼，亦未履行行政处罚决定。2013 年 9 月 13 日，环保局向该厂送达了履行行政决定催告书，限其在收到催告书后 10 日内履行行政处罚决定中规定的义务，被执行人未自动履行，环保局遂向宁海法院申请强制执行处罚决定。

第二，裁判结果。宁海县人民法院经审查认为，申请执行人宁海县环境保护局做出的宁环行罚决字〔2013〕第 5 号行政处罚决定，认定事实清楚，适用法律正确，执法程序合法，量罚适当。申请执行人在向法院申请强制执行前，已依法进行了催告，申请执行人的申请符合法律规定，且不存在《中华人民共和国行政强制法》第五十八条规定的不予执行的情形。遂裁定准予强制执行，其中责令停止生产的处罚由环保局组织实施。

第三，典型意义。行政机关合法有效的行政决定应当得到执行，这是维护行政管理秩序和效率所必需的。人民法院对行政机关的强制执行申请经审查认为符合强制执行条件、依法裁定准予强制执行时，对行政决定中适宜由行政机关实施强制执行的部分内容，明确由其组织实施即“裁执分离”，既体现了人民法院对行政机关生效行政决定的司法审查，又有利于行政决定的及时执行。

3.“桐乡市惠全制衣有限公司环保行政处罚上诉案”

第一，基本案情。2012 年 8 月 20 日，桐乡市环保局做出行政处罚决定，认定桐乡市惠全制衣有限公司在 2007 年 3 月已审批的建设项目中无厂区东南角车间和生产设备，项目生产过程中无废水产生，但该公司后在厂区东南角新建车间用于生产加工，生产过程中有废水产生，应当重新报批环境影响评价文件。据此，依据《中华人民共和国环境影响评价法》《中华人民共和国水污染防治法》《浙江省水污染防治条例》的有关规定，责令惠全公司立即停止厂区东南角车间生产，并决定处罚款人民币 10 万元整。该公司不服，提起行政诉讼。

第二，裁判结果。桐乡市人民法院经审理认为，《中华人民共和国水污染防治法》第十七条第一款规定，新建、改建、扩建直接或间接向水体排放污染物的建设项目和其他水上设施,应当依法进行环境影响评价。本案中,原告公司此前虽已进行环境影响评价,但获许可的内容中并无其他废水产生。而其新建车间产生废水,排放后导致水体污染,应进行环境影响评价,经通知限期补办手续后仍未办理。环保局在发现后,依法进行立案调查,做出处罚前对拟处罚事实、理由、依据及听证权利等进行告知,并组织听证,亦对听证意见予以核实,最后依法送达处罚决定书。据此,依照《行政诉讼法》第五十四条第(一)项规定,判决维持环保局被诉行政处罚决定。原告公司不服,提起上诉。嘉兴市中级人民法院经审理判决驳回上诉,维持原判。

第三,典型意义。本案原告超原审批范围新增生产项目产生废水排放,却未按要求进行环境影响评价,其违反环保法律法规、污染水环境的行为应当受到处罚。人民法院通过判决维持环保部门合法正确的行政处罚决定,支持环保部门依法履行法定职责,为各地依法开展“五水共治”提供有力司法保障。

4.“温州市周某和张某污染环境案”

第一,基本案情。1996 年被告人周某负责经营温州超然眼镜有限公司,该公司在生产加工眼镜过程中由酸洗工序所产生的污水,在未经审批和未建立废水污染防治措施的情况下,直接排放到公司外的下水道里。2014 年 5 月份以来,由被告人张某负责操作酸洗工序。同年 5 月 7 日,温州市环境保护局生态园分局执法人员对位于温州市瓯海区三垟街道黄屿工业区宏旺路 14 号的温州超然眼镜有限公司进行检查,并依法采集水样送检。经温州市环境监测中心站监测,该公司水样重金属物质总铬含量为 128 毫克每升,超国家标准 85.3 倍;总铜含量为 5.42 毫克每升,超国家标准 5.42 倍。案发后,被告人周某于 2014 年 8 月 4 日主动到公安机关投案,并如实供述其犯罪事实。温州市瓯海区人民检察院以瓯检公诉刑诉〔2015〕289 号起诉书指控被告人周某、张某犯污染环境罪,于 2015 年 4 月 1 日向浙江省温州市瓯海区人民法院提起公诉。浙江省温州市瓯海区人民法院受理后,依法组成合议庭,公开开庭审理了本案。温州市瓯海区人民检察院指派检察员邵富高出庭支持公诉,被告人周某、张某及辩护人周成宇到庭参加诉讼。

第二,裁判结果。浙江省温州市瓯海区人民法院认为,被告人周某、张某违反国家规定,结伙在生产加工眼镜过程中非法排放污水,且污水中重金属含量超出国家标准的三倍以上,严重污染环境,其行为均已构成污染环境罪;公诉机关指控的罪名成立。被告人周某有自首情节,且有立功表现,结合具体案情,予以从轻处罚;被告人张某在共同犯罪中起次要、辅助作用,系从犯,且归案后能如实供述自己的罪行,结合具体案情及其悔罪表现,予以从轻处罚,并可适用缓刑;辩护人提出与此相同的辩护意见予以采纳;公诉机关的量刑建议予以采纳。最后,浙江省温州市瓯海区人民法院依照《中华人民共和国刑法》第三百三十八条、第二十五条第一款、第二十七条、第六十七条第一款和第三款、第六十八条、第七十二条第一款和第三款之规定做出如下判决:一、被告人周某犯污染环境罪,判处有期徒刑七个月,并处罚金 20000 元。(刑期从判决执行之日起计算。判决执行以前先行羁押的,羁押一日折抵刑期一日,取保候审期间顺延,即自 2015 年 4 月 23 日起至 2015 年 11 月 22 日止;罚金限判决生效后十日内缴纳。)二、被告人张某犯污染环境罪,判处有期徒刑六个月,缓刑一年,并处罚金 5000 元(缓刑考验期自本判决确定之日起计算;罚金限本判决生效之日起十日内缴纳)。

第三,典型意义。中小企业非常多,给浙江省带来了经济繁荣,也给浙江省带来环境污染。许多中小企业根本没有污水净化设施,对本企业产生的严重超标(有的超过国家排放标准近 900 倍)废水不做任何净化处理,像抽水马桶里的水一样直接排向下水道,造成严重的水污染。《中华人民共和国环境保护法》第三百三十八条规定,违反国家规定,排放、倾倒或者处置有放射性的废物、含传染病病原体的废物、有毒物质或者其他有害物质,严重污染环境的,处三年以下有期徒刑或者拘役,并处或者单处罚金;后果特别严重的,处三年以上七年以下有期徒刑,并处罚金。依据该法条的规定认定其构成污染环境罪并追究其刑事责任,既能威慑和教育犯罪行为人,防止其重新犯罪,又能威慑和教育其他人,防止其他人实施相同的犯罪行为。总之,人民法院通过刑事司法程序追究违法排放水污染物构成犯罪者的刑事责任,能为依法开展“五水共治”提供有力的司法保障。

第二章 破解“十面霾伏”:“天蓝战略”之环境法治保障

第一节 雾霾常识及浙江省雾霾现状

一、雾霾的定义

雾霾,顾名思义是雾和霾。雾,是接近地面的空气因气温下降水蒸气凝结而成的悬浮的微小水滴,多出现于秋冬季节(这也是2013年1月份全国大面积雾霾天气的原因之一),是近地面层空气中水汽凝结(或凝华)的产物。雾的存在会降低空气透明度,使能见度恶化,如果目标物的水平能见度降低到1000米以内,就将悬浮在近地面空气中的水汽凝结(或凝华)物的天气现象称为雾。霾,是大量极细微的干尘颗粒等均匀地浮游在空中,使水平能见度小于10千米的空气普遍浑浊现象,也称灰霾。霾的面积就意味着污染物扩散的面积,十分可怕,而且霾也能导致近距离能见度恶化。随着空气质量的恶化,阴霾天气现象出现增多,危害加重。中国不少地区把阴霾天气现象并入雾一起作为灾害性天气预警预报,统称为“雾霾天气”。因此,雾霾是对大气中各种悬浮颗粒物含量超标的笼统表述,尤其是PM2.5(空气动力学当量直径小于等于2.5微米的颗粒物)被认为是造成雾霾天气的“元凶”,雾霾天气是一种大气污染状态。

二、雾与霾的联系和区别

雾和霾相同之处在于都是视程障碍物。但雾与霾的形成原因和条件却有很大的差别。雾是浮游在空中的大量微小水滴或冰晶，形成条件要具备较高的水汽饱和因素。在气象学上，雾和霾的判识标准为：相对湿度小于80％时为霾；相对湿度大于90％时为雾；相对湿度在80％—90％之间时为雾和霾的混合物，其中雾和霾的程度要按照大气细颗粒物PM2.5和PM1.0（指空气动力学直径分别小于2.5和1.0微米的细颗粒）的浓度来判识。雾和霾的判识标准见图2-1。①

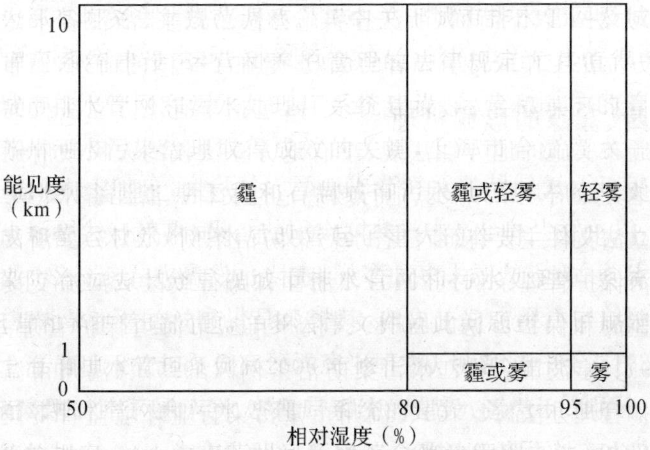

图2-1　霾与雾的识别标准

三、雾霾的组成成分

霾是由空气中的灰尘、硫酸、硝酸、有机碳氢化合物等粒子组成的。它也能使大气浑浊，视野模糊并导致能见度恶化。水平能见度小于10000米时，将这种非水成物组成的气溶胶系统造成的视程障碍称为霾（Haze）或灰霾（Dust－haze），香港天文台称烟霞（Haze）。二氧化硫、氮氧化物以及可吸入颗粒物这三项是雾霾主

---

① 韩文科等：《从大面积雾霾看改善城市能源环境的紧迫性》，《经济理论与实践》2013年第4期，第27页。

要组成的,它们与雾气结合在一起,让天空瞬间变得阴沉灰暗。二氧化硫、氮氧化物为气态污染物,最后一项颗粒物才是加重雾霾天气污染的罪魁祸首,因为这种颗粒本身既是一种污染物,又是重金属、多环芳烃等有毒物质的载体。颗粒物的英文缩写为 PM,北京监测的是 PM2.5,也就是空气动力学当量直径小于等于 2.5 微米的污染物颗粒。霾粒子的分布比较均匀,而且灰霾粒子的尺度比较小,从 0.001 微米到 10 微米,平均直径大约在 1—2 微米左右,肉眼看不到空中飘浮的颗粒物。由于灰尘、硫酸、硝酸等粒子组成的霾,其散射波长较长的光比较多,因而霾看起来呈黄色或橙灰色。

四、雾霾的形成机理

雾霾天气是异常天气造成地区大气稳定,再加上人们排放污染物,以及浮尘和丰富水汽共同作用的结果,既有自然原因也有人为因素。[①] 雾霾的源头多种多样,主要是发展方式粗放、产业结构和能源结构不尽合理造成的,其根源是煤和燃油等化石燃料的燃烧。2013 年中科院大气物理研究所研究显示,PM2.5 有 6 个重要来源,分别是土壤尘、燃煤、生物质燃烧、汽车尾气与垃圾焚烧、工业污染和二次无机气溶胶。

五、雾霾的危害

(一)侵害身心健康

雾霾天气是很多疾病的源头。不同的粒径颗粒物对人体造成伤害不同,粒径≥10μm 的颗粒物,会被鼻腔阻隔;2.5 μm≤粒径≤10μm 的颗粒物,能够进入上呼吸道,但部分可通过痰液排出,也会被鼻腔内绒毛阻挡,对人体健康危害较小;但粒径≤2.5μm 的颗粒物,绝大部分能通过人体支气管,直达肺部,甚至直接进入人体血

① 张军英等:《雾霾的产生机理及防治对策措施研究》,《环境科学与管理》2013 年第 10 期,第 157 页。

液循环。如果细颗粒物携带污染物,还可能损伤支气管黏膜,加重慢性阻塞性肺炎、哮喘、过敏性鼻炎等呼吸系统疾病,以及诱发动脉硬化、心律不齐等心血管疾病和神经系统疾病。长期生活在雾霾天气中,由于霾的反射作用降低紫外线到达地表的机会,导致人体新陈代谢紊乱,影响儿童成长和老年人钙质的吸收,也会造成细菌滋生,传染病蔓延。长期生活在这种阴暗的环境中,影响居民生活的舒适度和正常的户外身体锻炼机会,心情抑郁、工作效率不高等现象会十分常见,心理疾病的发病率直线上升。世界卫生组织下属国际癌症研究机构在 2013 年 10 月 17 日发布报告,首次指认大气污染“对人类致癌”,并视其为普遍和主要的环境致癌物。

(二)影响区域气候,危及环境安全

由于组成成分特殊,雾霾还能引起局部小气候极端化,引发其他灾难。以世界八大公害之一的光化学污染为例,其本质就是汽车尾气和工业污染物叠加排放,大量氮氧化物和含氢化合物在阳光的催化下产生化学反应而生成的一系列毒性很大刺激性很强的气体。又如,甲醛等污染物的排放会危害环境安全,不仅对人类造成危害,而且影响植物光合作用,影响整个生态系统的循环。

(三)妨害交通安全

出现雾霾天气时,室外能见度低,不利于各项室外工作活动等作业的展开,容易诱发安全事故。雾霾天气会造成交通拥堵,交通事故频发,高速公路封闭,航班延误,影响居民日常生活。通过对全国受到雾霾事件严重影响的 20 个省市有关雾霾引起交通事故的新闻报道的收集和统计,2013 年 1 月期间共有 10 个省市因雾霾天气发生了交通事故,共计发生交通事故 965 起,36 人死亡,232 人受伤(见表 2-1)。[①]

---

① 穆泉、张世秋:《2013 年 1 月中国大面积雾霾事件直接社会经济损失评估》,《中国环境科学》2013 年第 11 期,第 2091—2092 页。

表 2-1 2013 年 1 月 10 个省市因雾霾事件导致的交通事故损失

省/市	事故数量(起)	死亡人数(人)	受伤人数(人)	交通堵塞(h)	事故财产损失(万元)	伤亡直接损失(万元)	死亡损失		其他成本		总成本	
							价值评估法(万元)	人力资本法(万元)	拥堵延误成本(万元)	管理成本(万元)	低值(万元)	高值(万元)
北京	28	2	7		51	21	336	48			120	408
天津	6	0	18	3.75	4	42			239		285	285
河北	10	4	9		7	31	672	96			134	710
山东	783	9	98		511	251	1512	217		146	1125	2420
湖南	49	3	39		41	99	504	72			211	643
湖北	10	1	20	4.5	7	49	168	24	179		258	402
安徽	3	13	7	0.3	2	50	2184	313	19		384	2255
广西	73	2	26		48	66	336	48			162	449
广东	2	0	0		1						1	1
浙江	1	2	8		1	24	336	48			73	360

(四)加重公共财政与私人经济负担

雾霾在造成重大经济损失的同时,也增加了公共财政与私人的经济负担,2014 年为整治重点区域大气污染,中央财政设立 100 亿元的专项资金,对重点领域实施以奖代补①。据报道:北京市 2014 年多投入 12.5 亿元大气污染治理资金②,2015 年计划投入

① 康丽琳:《中央财政 2014 年安排 100 亿元对重点区域大气污染防治实行“以奖代补”》,http://www.gov.cn/wenzheng/2014－03/07/content_2632818.htm,2015-10-9。

② 叶晓彦:《北京市人大 7 个专委会全面参与财政预算初审 治理大气污染多投 12.5 亿元》,《北京晚报》2014 年 01 月 15 日,第 6 版。

108.5亿元用于大气污染治理和节能减排①,2017全市预计共投入7600亿元整治大气环境。② 河北2014年建立专项资金8亿元防治大气污染,五年内投入高达5000亿元。污染大省山东表示设置11.85亿元的环保和大气污染防治资金,到2020年全省大气污染总投资达9000亿。山西下达3.08亿大气污染防治资金,来促进山西大气污染防治,此外江苏、黑龙江、宁夏回族自治区、贵州、湖北均出台专项规划,雾霾治理投入将成为今年的重点工作之一。淘宝上的一项统计数据显示,2013年全国的淘友们花了8.7亿元在网上购买口罩、空气净化器、室内跑步机等对抗雾霾的用品,共买了450万次,其中购买口罩的人比前一年多了181%,购买空气净化器的人也多了131%。在这8.7亿中,陕西的淘友们贡献了1762万元。③ 雾霾还会导致高速公路封闭损失、航班延误损失、就医诊疗费用、交通拥堵损失等等。有资料显示,2013年1月份全国因雾霾事件造成的交通和健康的直接经济损失约为230亿元(各项具体损失见表2-2、表2-3和表2-4)。④ 此外还有间接损失包括慢性心理疾病,生活舒适度降低,影响工作效率和生活质量。

表2-2　2013年1月雾霾事件导致高速封路收费损失评估

省/市	封闭数量(段)	累计时间(h)	单位直接财务损失(元/h)	直接财务损失评估(万元)
北京	49	234.7	62011	1455

① 王佳宁:《北京:今年拟投入108.5亿元用于大气污染治理和节能减排》,http://news.xinhuanet.com/local/2015-01/23/c_1114112433.htm,2015-10-9。

② 张朝华:《北京投入7600亿治理PM2.5 市长立下生死状》,http://news.xinhuanet.com/fortune/2014-03/17/c_126277583.htm,2015-10-9。

③ 凌纪伟:《淘宝公布2013消费关键词:网民为霾买单8.7亿》,http://news.xinhuanet.com/tech/2013-12/13/c_125851512.htm,2015-10-9。

④ 穆泉、张世秋:《2013年1月中国大面积雾霾事件直接社会经济损失评估》,《中国环境科学》2013年第11期,第2091—2092页。

续 表

省/市	封闭数量（段）	累计时间（h）	单位直接财务损失（元/h）	直接财务损失评估（万元）
安徽	14	85.0	47236	402
河北	25	217.2	62011	1347
湖北	5	38.5	138483	533
湖南	10	70.7	43720	309
吉林	1	4.0	62011	25
江苏	21	155.7	62011	96.5
江西	2	28.0	62011	174
山东	11	97.5	51018	497
山西	10	84.3	62011	52.3

表 2-3　2013 年 1 月雾霾事件导致国内航班延误/备降/取消成本估算

省/市	延误航班（次）	取消航班（次）	备降航班（次）	滞留旅客（人）	延误成本（万元）	取消成本（万元）	备降成本（万元）	总成本（万元）
北京	519	230	0	1000	2808	2035	0	4843
天津	172	407	0	33000	931	3600	0	4531
河南	381	90	17	7000	2062	796	141	2998
山东	609	382	0	15000	3295	3379	0	6674
山西	8	0	1	0	43	0	8	52
河北	226	123	1	0	1223	1088	8	2319
湖南	100	1	0	0	541	9	0	550
广东	32	84	0	0	173	743	0	916
广西	39	0	0	2258	211	0	0	211
辽宁	105	38	0	0	568	336	0	904
江苏	136	105	0	0	736	929	0	1665

续　表

省/市	延误航班(次)	取消航班(次)	备降航班(次)	滞留旅客(人)	延误成本(万元)	取消成本(万元)	备降成本(万元)	总成本(万元)
安徽	33	16	83	4895	179	142	687	1008
浙江	51	0	0	0	276	0	0	276

表 2-4　2013 年 1 月雾霾事件相关的门/急诊费用健康损失评估

省/市	医院急门诊人数(万人/a)	门/急诊增加比例(%)	人均 GDP[元/(a·人)]	门/急诊费用(万元)
北京	10434.1	20	80511	177673
天津	5216.5	41	83449	105322
河北	8249	95	33859	195275
河南	11407.6	25	28687	169865
山东	13471.9	30	47071	222778
湖北	8400.7	58	34099	160762
安徽	6334.4	35	25638	100723
山西	3739	40	31276	62953
江苏	16694.4	30	62174	290474
重庆	3872.7	20	34297	56506
辽宁	7027.1	48	50711	133505
浙江	18166.3	27	59160	304529

六、公众对雾霾的态度

当前中国公众对环境越来越重视,对雾霾的反应十分强烈。2013 年 1 月中国青年报社会调查中心通过题客调查网和民意中国网,对来自全国 31 个省(自治区、直辖市)6913 名受访者进行的调查显示,91.4%的人感觉空气污染影响了自己的生活,85.4%的人期待面对严重雾霾天气,政府尽快启动紧急预案,提供公共服务。对"公众期待政府如何应对雾霾"问题,69.9%的人期待"找出雾霾成因,抓紧积极治理",64.6%的人希望"及时披露空气污染信息",58.2%的人期待"向民众发出污染预警",54.5%的人希望"对污染企业采取限产限排措施",49.5%的人希望"限制机动车尤其是公车上路,减少尾气排放",48.7%的人希望"提醒人们减少外出,出门要戴口罩"等。对"普通人能为减少空气污染做些什么"问题,68.5%的人表示要"不开车或少开车";67.7%的人建议"尽量乘坐公共交通工具";55.4%的人选择"不抽烟或尽量少抽烟";51.0%的人会"学习雾霾防护知识并向身边人宣传";45.2%的人会"从自身做起,注意节能环保"。① 2014 年 3 月 10 日搜狐网站对网民进行了雾霾的相关调查,共有 4848 人参与了调查,其中 80.9%的参与者反映近年来经常碰到雾霾天气,43.8%的参与者表示对雾霾反应激烈,41.7%的参与者表示有些异常,62.6%的参与者表示会采取防护措施(公众对雾霾的反应和个人防护措施的具体情况见表 2-5)。② 公众认为政府应采取措施防治雾霾。央视网对"应采取哪些措施来应对雾霾"问题正在进行网上调查,截至 2015 年 10 月 9 日,共有 3234 人认为应采取某种措施来应对雾霾问题,其中 23.44%的参与者(758 人)认为应淘汰高耗高排工业,减少排污;18.37%的参与者(594 人)认为应严格监管建筑工地,对粉尘污染加以有效控制;17.97%的参与者(581 人)认为应限制私家车数量,增加绿色公共交通,减少尾气排放;17.35%的参与者(511 人)认为应提高城市绿化覆盖率;13.39%的参与者(433 人)认为应合理征

① 宁迪:《91.4%的人感觉上周空气污染影响了自己的生活》,《中国青年报》2013 年 1 月 22 日,第 7 版。

② 吴萍等:《雾霾成因、危害、公众反映及治理对策的探讨》,《中国公共卫生管理》2014 年第 3 期,第 453 页。

收环保税；9.49%的参与者（307 人）认为雾霾严重时，应停工停课。[①] 公众认为个人也能为预防雾霾做出贡献。根据中国青年报调查，约 70%的人“不开车或少开车”，“尽量乘坐公共交通工具”，50%的人会“学习雾霾防护知识并向身边人宣传”，并表示“从自身做起，注意节能环保”。但仍有一些人还存在侥幸心理，总觉得一场雨就能浇去雾霾，一阵风就能吹来蓝天。应该说，在雾霾偶发的阶段，这种侥幸可能得偿所愿，但在雾霾高发和频发的当下，这是对自身健康极大的不尊重。有些人认为即使雾霾影响很广、危害很大，因为短期内不会带来致命后果，自然很难被看作严重的公共危机事件。一些人“戴着口罩放爆竹”治理雾霾，一边埋怨雾霾严重一边自己还在制造雾霾。

表 2-5　搜狐网公众对雾霾天气反应和个人防护措施调查

问题		反应人数	比例(%)
是否碰到雾霾天气	经常遇到	3920	80.9
	偶尔有	768	15.8
身体对雾霾反应	不怎么见到	160	3.3
	反应激烈	2121	43.8
	有些异常	2024	41.7
个人采取防雾霾措施	稍作防护	2045	42.2
	不采取任何措施	1814	37.4
	采取口罩净化器措施	989	20.4
合计		4848	100.1

七、浙江省雾霾的现状

自 2013 年 1 月份以来，我国中东部地区的雾霾天气显著增多，

---

① 《两会热点调查：环境治理》，http://app1.vote.cntv.cn/viewResult.jsp? voteId=12786，2015-10-9。

成为日益突出的生态环境问题。雾霾天气的频繁出现不仅使交通运输受到很大影响，也给人们的身心健康带来了严重威胁。正确认识雾霾污染的现状，并采取有效行动来应对雾霾，成为当前摆在每一个人面前最紧迫的任务。根据浙江省环保厅最新发布的《2014 年浙江省环境状况公报》，从整体看，全省环境质量继续稳中向好。公报数据显示，2014 年全省空气质量平均约有 275 天优良，PM2.5 年均浓度 53 微克/立方米，较 2013 年下降 13.1%。11 个设区城市空气质量好于上年，舟山市环境空气质量达到国家二级标准。日空气质量（AQI）优良天数比例舟山全省最高，最低为湖州。69 个县级以上城市空气质量有 9 个达到国家二级标准，占城市总数的 13.0%；PM2.5 年均浓度范围为 29－69 微克/立方米，平均为 49 微克/立方米。去年浙江加大对重污染高耗能行业整治力度，全省二氧化硫排放量为 57.40 万吨，比 2013 年下降 3.25%；氮氧化物排放量 68.79 万吨，比 2013 年下降 8.65%。作为公众所普遍关心的霾天，2014 年全省平均霾日数 70 天，比上年减少 14 天。多发区主要集中在杭州、嘉兴、宁波、金华部分地区，舟山、丽水、台州出现霾天气较少。1 月份是霾的高发期，重度霾仅出现在 1 月和 4 月。5～7 月浙江省未出现中度以上霾。浙江省 2014 年各月霾日数的具体情况见图 2-2。

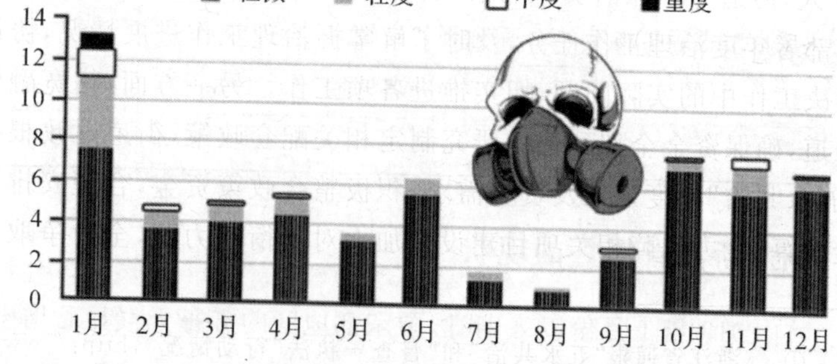

图 2-2 浙江省 2014 年各月霾日数(天)

第二节 浙江省雾霾之成因及核心问题

一、浙江省雾霾之成因

(一)高耗能产业和高污染产业较多

浙江省位于沿海地带和长三角地区,经济发达,火电、化工、钢铁、造纸等高能耗和高污染产业较多,这些产业大量排放的污染物是雾霾形成原因之一。例如,火电产业在浙江十分密集,每年会消耗大量的原煤,也会排放大量污染物。据统计,2013 年全省电力行业发电供热消耗了全省 71.8%的原煤和 61.3%的天然气,其中6000 千瓦及以上火电机组发电供热共消耗了 10479 万吨原煤和 34 亿立方米天然气。[①] 可见,火电、化工、钢铁、造纸等高能耗和高污染产业燃烧化石燃料释放的大气污染物是浙江省雾霾形成的最重要原因。

(二)城市化产生大量扬尘污染

城市化过程中产生扬尘污染已日益成为浙江省城市颗粒物污染的主要原因,亦是雾霾成因之一。近年来,我省城市化进程不断加快,城市人口不断膨胀,盲目“造城运动”不断发展,城市建设不断加速,建筑密度不断加大,建筑高度日益攀升。建筑、拆迁、道路施工、堆料、运输遗洒、地面积土和裸露地面,造成了扬尘污染,严重影响了空气质量。高楼大厦林立,风流经市区时有明显的阻挡作用,使风力减弱。这种风力较弱或者静风现象太多,不利于悬浮微粒在大气中的扩散直至稀释,最终使悬浮颗粒在城区和近郊区

① 李利:《浙江发布电力行业节能环保白皮书 火电煤耗下降》,http://zjnews.zjol.com.cn/system/2014/09/24/020272871.shtml,2015-10-9。

周围长期地沉积。[①]一旦遇到不利的气候条件，就会产生大面积的雾霾。随着浙江新一轮城镇化的推进，二氧化碳和其他污染物的排放肯定还会增加，各种来源与构成混合会造成更大范围的区域污染。

（三）汽车尾气大量排放

汽车尾气会增加细微颗粒物排放，是形成雾霾的重要原因。美国前总统尼克松曾说："汽车是最大的大气污染源。"美国环保部门的研究表明，洛杉矶的光化学烟雾有80%来自汽车尾气。1975年起所有的汽车安装排气净化器以后，洛杉矶一级污染警报天数从1977年的121天降到1989年的54天，到1999年已经降为0。[②]环保部发布的《中国机动车污染防治年报（2010年度）》显示，机动车尾气已经成为我国大中城市空气污染的主要来源。环保部发布的《2012年中国机动车污染防治年报》显示，随着机动车保有量的快速增加，我国城市空气呈现出煤烟和机动车尾气复合污染的特点，机动车排放的尾气与硫酸盐相互作用，不断加速和加重雾霾的形成。复旦大学雾霾研究专家庄国顺教授认为，近年来工业污染增加不多，但雾霾大大增加了，快速增加的机动车排放是"决定性因素"，其对雾霾的"贡献"至少超过20%；虽然工业排放对雾霾的形成有相当大的"贡献"，但在能源结构没有改变和发展方式没有根本转变的情况下，工业污染减少的空间有限，因此治霾从控制机动车排放入手。[③] 浙江省经济比较发达，机动车保有量居全国前列，2013年机动车保有量达到了1408万辆（见图2-3）。[④] 如此多

① 郝明辉：《浅谈雾霾天气形成的前期原因及防治对策》，《河南科技》2013年第2期，第176页。

② 周恒星：《洛杉矶雾霾之战》，《中国企业家》2015年第5期，第102页。

③ 姜澎：《复旦教授：机动车排放是主因 北京雾霾来源结论有误》，http://sh.eastday.com/m/20140102/u1a7862768.html，2015-10-9。

④ 《浙江机动车保有量1408万 人大代表献计发展公共交通》，http://www.chinanews.com/df/2014/01-20/5758287.shtml，2015-10-9。

的机动车排放废气,毫无疑问会造成大气污染。作为省会城市的杭州,机动车保有量很大,机动车排放对雾霾的"贡献"非常大。2013年3月杭州主城区的机动车保有量突破100万辆,平均每3人就有一辆,人均机动车保有量已经超过北京,居全国第一。环保部对9个大气污染防治重点城市的源解析工作的研究结果表明,杭州首要的大气污染来源是机动车(见图2-4)。①

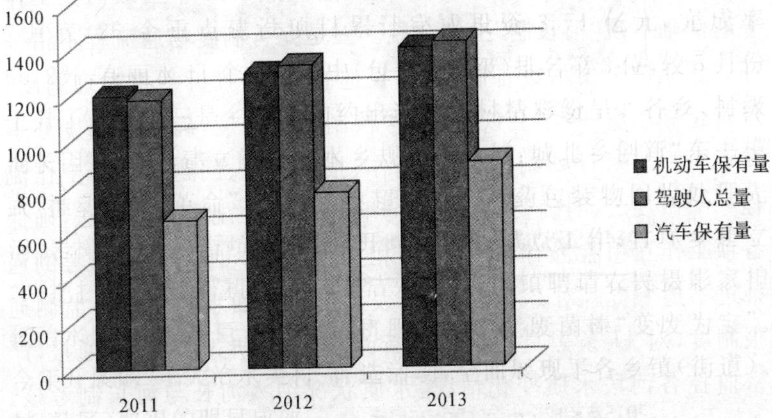

图 2-3　2011—2013 年浙江省机动车和驾驶人保有量情况表

(四)跨区域的污染传输

跨区域的污染传输也是浙江省雾霾的重要成因。近年来"越境污染"一词屡被提起,有些地方甚至认定其污染就是输入型的。研究表明,PM2.5的环境影响,除了形成灰霾和有毒有害,另一特征是可以远距离输送,由此造成大气污染不再是单独某一个城市的问题,而是跨城市、跨省,甚至跨国界的区域性问题。② 空气污染与气候变化之间的关系还需要更多的研究,但二者在许多地方存

---

① 《杭人均机动车保有量全国第一 成大气首要污染源》,http://zj.sina.com.cn/news/s/2015-04-02/detail—iavxeafs4145146.shtml,2015-10-9。

② 付保荣:《从雾霾天气谈我国环境监测社会化与能力建设》,《环境保护与循环经济》2013年第4期

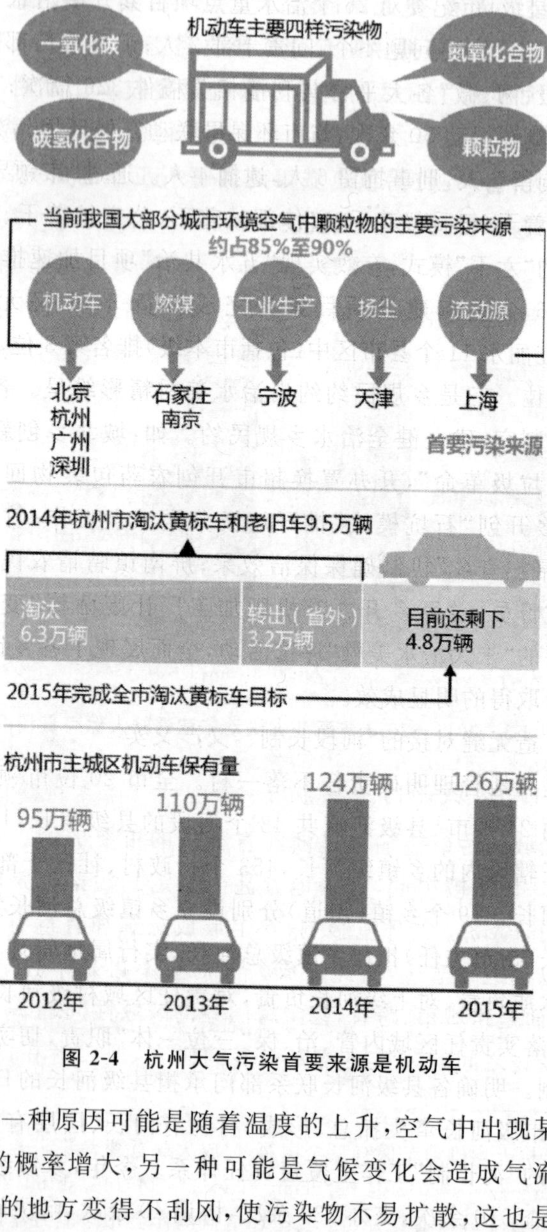

图 2-4 杭州大气污染首要来源是机动车

在一致性，一种原因可能是随着温度的上升，空气中出现某些污染物如臭氧的概率增大，另一种可能是气候变化会造成气流模式的紊乱，有风的地方变得不刮风，使污染物不易扩散，这也是雾霾形成的气象条件。

二、浙江省雾霾污染的核心问题

不论污染物具体来自哪里,雾霾不断爆发且日益严重的主要原因无疑是人类活动,尤其是快速的工业化和大规模的城镇化建设活动。这些人类活动消耗了大量能源和资源,并产生大量的烟气、粉尘等污染物,这些污染物被排放到大气中,为雾霾的形成提供了污染物基础。但是,大规模的社会经济活动只是雾霾产生的基础条件,但不是充分条件,对现代雾霾之形成起决定性作用的是粗放的经济发展方式。与全国的整体情况基本一致,当前浙江省经济的快速发展属于主要依靠资源驱动和外延式扩张的粗放型经济增长方式,浪费了大量的资源和能源,为环境污染和破坏埋下了隐患。一方面,由于技术水平偏低,生产和生活过程中所使用的机器、设备、设施和用具等性能欠佳,消耗的能源和物资多,再加上利用率低,使得大量的能源和物资转化成为污染物,而且对这些污染物也不加处理或很少利用及处理就排放到环境中。另一方面,由于管理水平低,计划不周密,组织不科学,使得许多活动和建设重复、多余或低效,也增加了资源能源的消耗和污染物的排放量。污染物的排放强度,实际上就是发展方式粗放程度的衡量指标。正是大规模粗放的社会经济活动,才产生了大量的污染物。所以,治理雾霾的根本途径是转变发展方式。

目前,我省正处于工业化和城镇化中期,正是环境问题高发的阶段。所以,今后雾霾还会频繁出现,甚至进一步恶化。同时,由我省的发展阶段和发展现状所决定,不可能对产业结构和能源结构做过快的调整,只能循序渐进。所以,对付雾霾必须打持久战。然而,日益严重的区域性雾霾天气,对经济社会发展和人民身心健康影响很大,对两美浙江建设目标的实现也构成极大挑战。所以,面对雾霾不能不急不躁,而必须立即行动。

根据我省经济和能源结构特点,治理雾霾必须立足长远,标本兼治。当前,重在大幅度压减钢铁、水泥、电厂、化工厂等高耗能、重污染企业,并加快淘汰老旧病残交通运输工具。从长远看,重在走新型工业化和新型城镇化道路,发展低碳经济,建设生态城市,并积极推广使用清洁能源尤其是新能源。只有太阳能取代了化石能源,我省的雾霾才能够彻底遏止。总之,只有走创新发展道路,切实转变发展方式,从现在做起,并持续努力,才能够最终告别雾霾,还一片清朗天空。

第三节 法律释疑:重要法律法规及条款

一、主要法律文件

(一)法律

大气污染防治法律可分为两类,一是专门的大气污染防治单行法,二是其他相关法律。这两类法律共同构成了我国大气污染防治法律文件体系,是我省大气污染防治的重要法律依据。

1. 大气污染防治单行法

大气污染防治单行法是我国最重要的大气污染防治法律文件,在大气污染防治领域起到十分重要的作用。1987 年我国制定颁布了专门的大气污染防治单行法律《中华人民共和国大气污染防治法》。1995 年全国人大常委会对《中华人民共和国大气污染防治法》进行了修改,但是在这次修订中诸如排污许可等众多重要制度的修订意见没有得到采纳,导致这次修改并没有什么实质性的进步。2000 年在党中央的直接关注下,全国人大常委会再次对《中华人民共和国大气污染防治法》进行了修订,对 5 个方面的法律制度和执法手段进行了改革。一是禁止超标排放,并规定超标排污违法,应受法律处罚;二是建立了大气污染总量控制和排污许可证制度;三是改革超标收费制度,实行排污总量收费;四是改革限期治理制度,将其由管理措施变为法律责任;五是强化法律责任,加大制裁力度。2010 年环保部、国务院法制办和全国人大又启动了对这部法律最新一次修改工作,历时 5 年,历经 3 次审议,2015 年 8

月29日终于获得十二届全国人大常委会第十六次会议表决通过,将于2016年1月1日起正式施行。此次修订的力度很大,不仅法条数量几近翻了一倍,而且原有所有法条都得到了内容上的修改。修订后的《大气污染防治法》主要有如下几大亮点:一是加强监督,强化政府责任;二是完善制度,坚持源头治理;三是抓住主因,解决突出问题;四是重典震慑,加大处罚力度。新修订的《中华人民共和国大气污染防治法》抓住了大气环境质量改善这个主线,为推动大气污染物全防全控奠定了坚实的法律基础。

2.其他相关法律

除了大气污染防治单行法,其他相关法律也是我国重要的大气污染防治法律依据,在大气污染防治领域起到不可或缺的作用。这些相关法律主要有《中华人民共和国环境保护法》(2014年修正)、《中华人民共和国煤炭法》(2013年修正)、《中华人民共和国清洁生产促进法》(2012年修正)、《中华人民共和国可再生能源法》(2006)、《中华人民共和国节约能源法》(2007年修正)、《中华人民共和国环境影响评价法》(2002)、《中华人民共和国森林法》(1998年修正)、《中华人民共和国土地管理法》(1998年修正)、《中华人民共和国矿产资源法》(1996年修正)、《中华人民共和国标准化法》(1989)。其中,《中华人民共和国环境保护法》(2014年修正)是我国环境保护领域基础性和综合性的法律,是我国综合性环境保护基本法,其规定的环境保护基本原则和基本制度是我国大气污染防治的基本法律依据。《中华人民共和国煤炭法》(2013年修正)、《中华人民共和国可再生能源法》(2006)和《中华人民共和国节约能源法》(2007年修正)与大气污染防治密切相关,因为煤炭等能源的利用是大气污染的重要源头。其他法律也与大气污染防治存在一定关系,例如《中华人民共和国土地管理法》(1998年修正)与大气污染防治就存在不可分割的关系,因为土地利用也是大气污染的重要源头。

(二)法规、规章、标准和其他规范性文件

除了上述法律,国务院及其相关部门制定发布了一系列相关

行政法规、规章和其他规范性文件,这些行政法规、规章和其他规范性文件也是我省大气污染防治的重要法律依据。

1.行政法规、部门规章和标准

为了实施相关法律,搞好全国的大气污染防治工作,国务院相继出台了一些与大气污染防治有关的行政法规。为了实施法律和行政法规,国务院组成部门也出台了一些相关部门规章。相关的国务院行政法规和部门规章主要有《消耗臭氧层物质进出口管理办法》(环发〔2014〕26 号)、《汽车排气污染监督管理办法》(2010 年修正)、《关于加强对消耗臭氧层物质进出口管理的规定》(环发〔2000〕85 号)、《关于在酸雨控制区和二氧化硫控制区开展征收二氧化硫排污费扩大试点的通知》等。这些行政法规和部门规章虽然数量不多,但是也是我省大气污染防治的重要法律依据。我国还制定了《环境空气质量标准》《大气污染物综合排放标准》《锅炉大气污染物排放标准》《工业炉窑大气污染物排放标准》《火电厂大气污染物排放标准》《汽车大气污染物排放标准》《摩托车排气污染物排放标准》《危险废物焚烧污染控制标准》等大气环境标准①。1996 年修订通过的《环境空气质量标准(GB3095－1996)》将 PM10 纳入标准体系。2012 年修订通过的《环境空气质量标准(GB3095－2012)》则进一步把 PM2.5 纳入环境标准体系。将 PM2.5 纳入强制性的环境标准体系标志着我国大气污染防治工作的巨大进步。

2.其他规范性文件

为了贯彻执行相关法律、行政法规、部门规章和标准,国务院及其相关组成部门出台了大量规范性文件,主要有《关于促进汽车维修业转型升级提升服务质量的指导意见》(交运发〔2014〕186 号)、《关于执行大气污染物特别排放限值的公告》(公告 2013 年 第 14 号)、《关于发布〈中国进出口受控消耗臭氧层物质名录(第六

---

① 常纪文:《环境法前沿问题——历史梳理与发展探究》,中国政法大学出版社 2011 年版,第 156 页。

批)〉的公告》(公告 2012 年 第78 号)、《关于实施国家第五阶段气体燃料点燃式发动机与汽车排放标准的公告》(公告 2012 年 第68 号)、《关于印发〈重点区域大气污染防治“十二五”规划〉的通知》(环发〔2012〕130 号)、《国务院关于印发“十二五”控制温室气体排放工作方案的通知》(国发〔2011〕41 号)、《国务院关于印发“十二五”节能减排综合性工作方案的通知》(国发〔2011〕26 号)、《国家发展改革委、农业部、财政部关于印发“十二五”农作物秸秆综合利用实施方案的通知》(发改环资〔2011〕2615 号)、《关于发布〈中国受控消耗臭氧层物质清单〉的公告》(公告 2010 年 第72 号)、《国务院办公厅转发环境保护部等部门关于推进大气污染联防联控工作改善区域空气质量指导意见的通知》(国办发〔2010〕33 号)、《关于发布〈中国进出口受控消耗臭氧层物质名录(第五批)〉的通知》(环发〔2009〕161 号)、《关于严格限制四氯化碳生产、购买和使用的公告》(公告 2009 年 第 68 号)、《关于严格控制新建使用含氢氯氟烃生产设施的通知》(环办〔2009〕121 号)、《关于禁止生产和使用 1,1,1—三氯乙烷(TCA)的公告》(公告 2009 年第 39 号)、《关于严格控制新建、改建、扩建含氢氯氟烃生产项目的通知》(环办〔2008〕104 号)、《国务院批转节能减排统计监测及考核实施方案和办法的通知》(国发〔2007〕36 号)、《关于禁止使用氯氟烃(CFCs)物质作为发泡剂的公告》(公告 2007 年第 45 号)、《关于禁止全氯氟烃(CFCs)物质生产的公告》(公告 2007 年 第 43 号)、《关于发布〈消耗臭氧层物质(ODS)替代品推荐目录(修订)〉的公告》(环函〔2007〕185 号)、《关于禁止生产、销售、进出口以氯氟烃(CFCs)物质为制冷剂、发泡剂的家用电器产品的公告》(环函〔2007〕200 号)、《商务部、海关总署、国家质量监督检验检疫总局、国家环境保护总局公告 2005 年第 117 号》(商务部公告 2005 年第 117 号)、《关于严格控制新(扩)建项目使用四氯化碳的补充通知》(环办〔2006〕15 号)、《关于发布〈中国进出口受控消耗臭氧层物质名录(第四批)〉的通知》(环发〔2006〕25 号)、《关于禁止生产和使用消耗臭氧层物质三氟三氯乙烷的公告》(公告 2005 年第 60 号)、《关于 2005 年部分受控消耗臭氧层物质进出口管理的公告》(商务部公告2004年第77号)、《关于实施甲基溴生产许可证和配额管理的公告》(环函〔2004〕155号)、《关于发布〈中国进出口受控消耗臭氧层物质名录(第三批)〉的通知》(环发〔2004〕25号)、《关于严格控制新(扩)建四氯化碳生产项目的通知》(环办〔2003〕28号)、《国家清洁能源行动实施方案》(2003)、《国务院关于两控区酸雨和二氧化硫污染防治"十五"计划的批复》(国函〔2002〕84号)、《关于2002年受控消耗臭氧层物质进口配额总量的公告》(对外贸易经济合作部公告2002年第9号)、《关于印发〈关于划分高污染燃料的规定〉的通知》(环发〔2001〕37号)、《国务院办公厅关于限期停止生产销售使用车用含铅汽油的通知》(1998)、《关于在酸雨控制区和二氧化硫污染控制区开展征收二氧化硫排污费扩大试点的通知》(1998)、《关于在气雾剂行业禁止使用氯氟化碳类物质的通告》(1997)等。这些规范性文件也是浙江省开展大气污染防治工作的重要法律依据。

二、主要法律条款

《中华人民共和国大气污染防治法》(2015年修正)、《环境保护法》(2014)、《民事诉讼法》(2012)等法律文件都是浙江省大气污染防治的重要法律依据,这些法律文件的主要法律条款是浙江省进行大气污染防治的主要法律依据。

(一)《大气污染防治法》(2015年修正)的主要法律条款

在可作为浙江省大气污染防治法律依据的主要法律文件中,《中华人民共和国大气污染防治法》(2015年修正)是最重要的法律文件,其主要法律条款是浙江省进行大气污染防治的主要法律依据。

1. 第二条

(1)条文内容。第二条规定:"防治大气污染,应当以改善大气环境质量为目标,坚持源头治理,规划先行,转变经济发展方式,优化产业结构和布局,调整能源结构。防治大气污染,应当加强对燃煤、工业、机动车船、扬尘、农业等大气污染的综合防治,推行区域大气污染联合防治,对颗粒物、二氧化硫、氮氧化物、挥发性有机物、氨等大气污染物和温室气体实施协同控制。”

(2)条文解读。该条确定了我国大气污染防治的原则和思路:以先行规划为指导,源头治理为重点,以大气污染联合防治推动全国大气环境质量改善的目标,并行推动产业结构转型和布局优化。重点行业(燃煤、工业、机动车船、扬尘、农业等)大气污染的综合防治,重点大气污染物(颗粒物、二氧化硫、氮氧化物、挥发性有机物、氨等)和温室气体协同控制。

2. 第四条和第十六条

(1)条文内容。第四条规定:“国务院环境保护主管部门会同国务院有关部门,按照国务院的规定,对省、自治区、直辖市大气环境质量改善目标、大气污染防治重点任务完成情况进行考核。省、自治区、直辖市人民政府制定考核办法,对本行政区域内地方大气环境质量改善目标、大气污染防治重点任务完成情况实施考核。考核结果应当向社会公开。”第十六条规定:“城市人民政府每年在向本级人民代表大会或者其常务委员会报告环境状况和环境保护目标完成情况时,应当报告大气环境质量限期达标规划执行情况,并向社会公开。”

(2)条文解读。该条强化了地方政府的责任,加强了对地方政府的监督。

3. 第十一条、第二十四条、第九十四条和第九十七条

(1)条文内容。第十一条规定:“省级以上人民政府环境保护主管部门应当在其网站上公布大气环境质量标准、大气污染物排放标准,供公众免费查阅、下载。”第二十四条规定:“企业事业单位和其他生产经营者应当按照国家有关规定和监测规范,对其排放的工业废气和本法第七十八条规定名录中所列有毒有害大气污染物进行监测,并保存原始监测记录。其中,重点排污单位应当安装、使用大气污染物排放自动监测设备,与环境保护主管部门的监控设备联网,保证监测设备正常运行并依法公开排放信息。监测

的具体办法和重点排污单位的条件由国务院环境保护主管部门规定。重点排污单位名录由设区的市级以上地方人民政府环境保护主管部门按照国务院环境保护主管部门的规定,根据本行政区域的大气环境承载力、重点大气污染物排放总量控制指标的要求以及排污单位排放大气污染物的种类、数量和浓度等因素,商有关部门确定,并向社会公布。"第九十四条规定:"县级以上地方人民政府应当将重污染天气应对纳入突发事件应急管理体系。省、自治区、直辖市、设区的市人民政府以及可能发生重污染天气的县级人民政府,应当制定重污染天气应急预案,向上一级人民政府环境保护主管部门备案,并向社会公布。"第九十七条规定:"发生造成大气污染的突发环境事件,人民政府及其有关部门和相关企业事业单位,应当依照《中华人民共和国突发事件应对法》《中华人民共和国环境保护法》的规定,做好应急处置工作。环境保护主管部门应当及时对突发环境事件产生的大气污染物进行监测,并向社会公布监测信息。"

(2)条文解读。通过这些条文的规定扩大了环境信息公开的范围,要求大气环境质量标准、重点排污企业大气污染物的种类、数量和浓度等因素、重污染天气应急预案、突发环境事件产生的大气污染物的监测信息等社会各界十分关注的信息都必须向社会公开。

4.第九十八条至第一百二十七条

(1)条文内容。这里条文内容较多,故将其省略。

(2)条文解读。这30条都是关于法律责任的条款,这表明对于违法行为采取重典手段进行处罚,加强震慑,加大处罚,让违法者付出沉重代价,增加其违法成本,对污染企业产生巨大的震慑作用。这些条款规定的具体处罚行为和种类接近90种,提高了法律的可操作性和针对性。法律取消了旧法对造成大气污染事故企业事业单位罚款"最高不超过50万元"的封顶限额,变为按倍数计罚,同时增加了"按日计罚"的规定。

(二)其他法律文件的主要法律条款

1.《环境保护法》(2014)第五十八条和《民事诉讼法》(2012)第五十五条

(1)条文内容。《环境保护法》(2014)第五十八条规定:“对污染环境、破坏生态,损害社会公共利益的行为,符合下列条件的社会组织可以向人民法院提起诉讼:(一)依法在设区的市级以上人民政府民政部门登记;(二)专门从事环境保护公益活动连续五年以上且无违法记录。符合前款规定的社会组织向人民法院提起诉讼,人民法院应当依法受理。提起诉讼的社会组织不得通过诉讼牟取经济利益。”《民事诉讼法》(2012)第五十五条规定:“对污染环境、侵害众多消费者合法权益等损害社会公共利益的行为,法律规定的机关和有关组织可以向人民法院提起诉讼。”

(2)条文解读。《民事诉讼法》(2012)第五十五条的出台,理论界和实务界许多人认为我国环境公益诉讼将获得快速发展,但在实践中绝大多数法院仍以原告不适格为由拒绝相关人提起的环境公益诉讼。原因之一在于该条规定是原则性规定,具体落实尚需其他法律做出明确具体的规定,例如法律规定的机关和有关组织到底包括哪些组织,既无司法解释也无具体法律规定。因此,在司法实践中,法院与当事人都处于尴尬境地,环境公益诉讼也难以进一步推进。《环境保护法》(2014)第五十八条打破环境公益诉讼遇到的前述“困境”,按照该条规定的条件,目前我国符合这些条件的社会组织约有300多家,这300多家环保组织即为2012年《民事诉讼法》规定的可以提起环境公益诉讼的社会组织。可以说,《环境保护法》(2014)第五十八条进一步细化了《民事诉讼法》第五十五条之规定,增强了二者的协调性,大大提升了民事诉讼法相关规定的可操作性和实效性,这为环境公益诉讼的持续推进提供重要制度保障。《环境保护法》(2014)第五十八条是该法的一个突出亮点,是对我国传统私益诉讼原告资格之直接利害关系理论的一个重大突破,正式确立了环境公益诉讼制度,为社会组织参与环境保护及相关监督管理工作提供一种新的司法途径,对进一步促进社会组织主动保护环境公共利益、强化生态环境损害赔偿和雾霾问题的解决具有十分重要的作用。

2.《环境保护法》(2014)第二十条

(1)条文内容。《环境保护法》(2014)第二十条规定:“国家建立跨行政区域的重点区域、流域环境污染和生态破坏联合防治协调机制,实行统一规划、统一标准、统一监测、统一的防治措施。前款规定以外的跨行政区域的环境污染和生态破坏的防治,由上级人民政府协调解决,或者由有关地方人民政府协商解决。”

(2)条文解读。《环境保护法》(2014)完善了跨行政区污染防治制度,根据我国开展跨区域污染联防联控的经验,强化了联合防治机制,明确国家建立跨行政区域的重点区域、流域环境污染和生态破坏联合防治协调机制,实行统一规划、统一标准、统一监测、统一的防治措施。空气具有流动性的特点,空气污染具有区域性特点,雾霾的治理需要区域联防联控,该条规定对于雾霾问题的解决具有重要作用。

3.《环境保护法》(2014)第四十四条

(1)条文内容。《环境保护法》(2014)第四十四条规定:“国家实行重点污染物排放总量控制制度。重点污染物排放总量控制指标由国务院下达,省、自治区、直辖市人民政府分解落实。企业事业单位在执行国家和地方污染物排放标准的同时,应当遵守分解落实到本单位的重点污染物排放总量控制指标。对超过国家重点污染物排放总量控制指标或者未完成国家确定的环境质量目标的地区,省级以上人民政府环境保护主管部门应当暂停审批其新增重点污染物排放总量的建设项目环境影响评价文件。”

(2)条文解读。《环境保护法》(2014)第四十四条完善了总量控制制度。一方面,该条明确了国家和地方在重点污染物总量控制方面的职权,规定重点污染物排放总量控制指标由国务院下达,省级人民政府负责分解落实。另一方面,建立对地方政府的监督机制,增加了一项约束指标,规定未完成国家确定的环境质量目标的地区省级以上人民政府环境保护主管部门应当暂停审批其新增重点污染物排放总量的建设项目环境影响评价文件。雾霾问题源于粗放式的经济发展模式，化石能源燃料燃烧排放的污染物增加了大气的污染，实行总量控制制度有助于企业优化产业结构，推动清洁能源的使用，减少雾霾的产生。

4.《环境保护法》(2014)第五十九条、第六十条和第六十三条

(1)条文内容。《环境保护法》(2014)第五十九条规定："企业事业单位和其他生产经营者违法排放污染物，受到罚款处罚，被责令改正，拒不改正的，依法做出处罚决定的行政机关可以自责令改正之日的次日起，按照原处罚数额按日连续处罚。前款规定的罚款处罚，依照有关法律法规，按照防治污染设施的运行成本、违法行为造成的直接损失或者违法所得等因素确定的规定执行。地方性法规可以根据环境保护的实际需要，增加第一款规定的按日连续处罚的违法行为的种类。"第六十条规定："企业事业单位和其他生产经营者超过污染物排放标准或者超过重点污染物排放总量控制指标排放污染物的，县级以上人民政府环境保护主管部门可以责令其采取限制生产、停产整治等措施；情节严重的，报经有批准权的人民政府批准，责令停业、关闭。"第六十三条规定："企业事业单位和其他生产经营者有下列情形之一，尚不构成犯罪的，由县级以上人民政府环境保护主管部门或者其他有关部门将案件移送公安机关，对其直接负责的主管人员和其他直接责任人员，处十日以上十五日以下拘留；情节较轻的，处五日以上十日以下拘留：(一)建设项目未依法进行环境影响评价，被责令停止建设，拒不执行的；(二)违反法律规定，未取得排污许可证排放污染物，被责令停止排污，拒不执行的；(三)通过暗管、渗井、渗坑、灌注或者篡改、伪造监测数据，或者不正常运行防治污染设施等逃避监管的方式排放污染物；(四)生产、使用国家明令禁止生产、使用的农药，被责令改正，拒不改正的。"

(2)条文解读。这几条针对目前环保领域"违法成本低、守法成本高"这一突出问题，进一步加大了对违法行为的处罚力度。其

中,第五十九条对专家学者们极力倡导的“按日计罚”制度进行了规定,第六十条赋予了环境保护主管部门责令违法排污者停业、关闭的职权,第六十三条规定对违法排污者可以行政拘留。这些条款有助于进一步打击环境违法行为,能为解决雾霾问题提供强有力的法律保障。

第四节　案例解读:国外雾霾防治经验及典型案例

一、国外雾霾防治经验

我国在大气污染防治过程中遇到的种种困境,在西方发达国家的工业化道路中也出现过,然而经过几十年的治理,这些国家已经走出阴霾,成了全球生态文明的领导者。许多国家的雾霾防治经验值得我们借鉴和参考。本书选取今昔对比较为明显、治理成效显著的几个国家作为研究对象,这几个国家是英国、美国和日本。一方面,这些国家都走过了一条先污染后治理的道路,这些国家在工业化发展初期环境污染都非常严重,均出现了很多标志性的重大环境污染事件,给社会经济发展带来了严重的影响。另一方面,这些国家后来都在总结经验教训基础上,通过采取各种积极措施,基本完成了常规污染物的治理与防控,由大气污染治理阶段进入改善阶段。希望我省能吸取教训,绕开重大污染事故推动立法的怪圈。美国、英国、日本等发达国家解决雾霾问题的成功经验之一就是建立了比较完善的雾霾防治法律体系和法律制度,对大气污染者实行了严格、严厉和公正的执法。

（一）立法体系

1.英国立法体系

自近代以来,雾霾在很多西方工业化国家都出现过。英国是工业革命的创始地,最先实现了工业化,也最早遇到了环境污染问题。1952 年的伦敦烟雾事件前后共造成 12000 多人死于呼吸道疾病,对英国社会造成了重创,直接促使英政府在1956年颁布了世界上第一部专门针对空气污染的《清洁空气法》。该法要求减少用煤和大力推广无烟燃料,提出禁止黑烟排放、升高烟囱高度、建立无烟区等措施,并且在控制机动车数量、调整能源结构等方面做出了很多努力。1968年英国政府对《清洁空气法》进行了修订和扩充,赋予控制黑烟的住房和地方政府部部长更多权限,包括出台新的锅炉颗粒物和烟尘排放限值的权力和可以强制要求地方政府设立新的烟尘控制区的权力。1974年英国政府颁布的《污染控制法》则涵盖了大气、水体和土地的保护条款,既规定了工业燃煤的含硫上限,又规定了机动车燃料的组成,并限制了油品中硫的含量。1975年又推出了《工作场所健康和安全法》等法规,规定污染工业必须采取手段,避免将有害气体排入大气,否则将面临严厉处罚。1980年英国大气污染治理终于进入了平稳改善阶段,控制重点也从控制燃煤开始逐步转向机动车污染控制。政府陆续出台或修订了一系列法案,如《汽车燃料法》(1981年)、《空气质量标准》(1989年)、《环境保护法》(1990年)、《道路车辆监管法》(1991年)、《清洁空气法》(1993年修订)、《环境法》(1995年)、《国家空气质量战略》(1997年)、《大伦敦政府法案》(1999)、《污染预防和控制法案》(1999年)。其中,1997年制订的《国家空气质量战略》,要求对每个城市的大气状况都要进行治理评估,对于不达标的管理区域要强制达标,否则根据欧盟的标准至2012年不达标天数超过35日的,将面临4.5亿美元的天价罚款。2007年制定的《国家空气质量战略》提出,到2020年PM2.5平均浓度要控制在20微克/立方米,空气较好的乡村还有更严格的标准。

2. 美国立法体系

世界著名的八大环境公害事件有两件发生在美国,分别是1943年洛杉矶烟雾事件和1948年多诺拉事件。两次严重的空气污染事件促使美国政府选择制定《清洁空气法》。以《清洁空气法》为核心,美国构建了相对独立的大气污染防治法律体系。美国作为世界上环境法律体系最完善的国家之一,各项法案一直是其他国家效仿的样板。1955 年美国联邦就出台了《空气污染控制法》,而美国州级别的大气污染防治立法出现得更早。1963 年美国联邦政府出台了《清洁空气法》,规定联邦政府为各州的大气污染防治提供技术协助。1965 年美国联邦出台了《机动车空气污染管理法》,规定健康部、教育部、福利部可以对新生产的汽车设置一定的标准,要求其充分考虑开发和使用最先进的技术,减轻对空气污染物质的排放。1967 年美国联邦出台了《空气质量控制法》,对 1963 年出台的《清洁空气法》进行了修订,使各州承担起空气污染控制的主要责任。1970 年美国联邦政府出台了《清洁空气法》,规定建立美国环保局,赋予美国环保局制定实施国家标准的责任,使美国大气污染的基本原则之一"国家空气质量标准原则"的雏形开始形成。1970 年制定的《清洁空气法》还有其他重要要求,包括建立汽车公司平均燃油经济性标准、1976—1978 年在汽车中引入触酶转化器、从 20 世纪 80 年代开始淘汰含铅汽油等。1970 年,应美国国会要求,美国科学院在大量细致调查统计的基础上,研究出了一个隐形的清洁空气市场的供求曲线,美国国会据此对《清洁空气法》再一次进行了修改。此后,政府部门在制定重大经济类的行政法规时,如果没有对该法的可能环境收益与耗费及其经济影响的论证,没有得到联邦管理和预算局的评审通过,就不可能正式颁行。至此,保证清洁空气的长效机制才真正构筑起来。《清洁空气法》分别在 1977 年和 1990 经过了修正,不仅明确了全国境内空气中主要污染物的含量上限,还对各地方达到联邦空气质量标准设定了明确期限,对各行业的责任进行了分解和明确,以此将"从自身做起"落到实处,而不是停留在口头上。其中,《清洁空气法》的 1977 年修正,不再将所有权力、对业绩和公众问责的责任框限在联邦政府内,而是将一些实施该法的重要责任转移到了各州以及许多地方和地区的空气污染防治机构的肩上,这在美国的空气污染防治历史上是一个十分重要的转折点。

3. 日本的立法体系

频频发生震惊世界的公害事件严重地损害了日本人民的身体

健康和生命安全,引起日本全国各地群众的强烈抗议,他们强烈要求日本政府制定公害防治法律,通过法律手段来防治公害,通过立法来确定政府、企业和个人在公害防治方面的责任和义务。在这种自下而上的力量的推动下,自20世纪50年代后半期至60世纪中期,日本政府开始进行专门的公害防治立法,颁布实施了大量公害防治专门法。其中,既有综合性的公害防治基本法,例如1967年《公害对策基本法》。也有专门防治某一种公害(水污染、大气污染、噪声污染等)的公害防治单行法,例如《水质保全法》(1958)、《工厂排水规制法》(1958)、《煤烟排放规制法》(1962)、《大气污染防治法》(1968)、《噪音规制法》(1968)等。在这些公害防治单行法中,《煤烟排放规制法》(1962)和《大气污染防治法》(1968)是专门规范大气污染防治的单行法。《煤烟控制法》(1962)是日本颁布实施的第一部全国性大气污染防治法律,其主要历史贡献是促进了日本能源结构的改善,加速了环保设备的普及,在改善大气质量方面发挥了十分重要的作用。①

上述公害防治立法为遏制公害做出了很多的贡献,但是这些公害防治立法规定的公害防治对策也存在不少缺陷。为了克服公害防治策略的缺陷,20世纪60年代末至20世纪70年代初,日本开始从形式上和内容上对公害防治立法进行完善。例如,仅1970年,日本就制定和修改了14部与公害防治相关的法律。1974年修订了《大气污染防治法》,提到了特别针对氮氧化物与二氧化硫的污染物排放总量控制。1990年又一次修订了《大气污染防治法》,进一步重申了总量控制,并添加了环境影响评价制度。② 2000年再次修订了《大气污染防治法》,正式明确规定了大气污染物排放总量控制制度。此后,这部法律又经历了两次修订,即2004年修

① 杨波等:《日本环境保护立法及污染物排放标准的启示》,《环境污染与防治》2010年第6期,第32页。

② 薛金枝等:《中日大气污染控制法规比较及建议》,《环境污染与防治》2008年第30期,第101—103页。

订和2006年修订。

为逐渐严格机动车尾气排放标准,竭力控制大气中的污染物,日本制定了许多类型法律,例如《指定区域机动车排放氮氧化物总量控制特别措施法》《企业负担污染防治事业费法》《环境影响评价法》《污染防治国家财政特别措施法》等。其中,1992年日本政府出台的《指定区域机动车排放氮氧化物总量控制特别措施法》,规定总量控制区不仅仅只适用于含硫氧化物等大气污染物质,而且还适用于烟尘、特定有害物质及机动车废气,将机动车废气所包含的污染物也纳入总量控制的立法规定中。规定含硫氧化物的最高排放容量,所适用的环境标准准则以公害对策基本法的形式。这样不仅协调了中央和地方的关系,有利于中央对地方意见的征询和采纳,这样可以使得总量控制区域更具有可操作性,有利于地方政府进一步的执行。其次,日本实行非常严格的大气污染监督管理处罚制度。

(二)法律规定

1. 大气污染防治监管体制

第一,英国大气污染防治监管体制。英国《环境保护法》和《国家空气质量战略》提出中央政府制定统一的国家空气质量战略,但市郡政府有权在无法达到国家空气质量标准的区域申请成立空气质量管理区,并制定远期空气质量行动计划以达到国家标准;①国家环境局综合控制大型、危险的工业设施,地方政府监管小型、危险程度低的工业设施;国家成立空气污染健康影响委员会,评估各空气污染区对人体健康的影响。

第二,美国大气污染防治监管体制。国会授权政府组建了美国联邦机构环境保护署来负责监督环保法案的实施。一系列的法案和规定在美国构成了比较完整的环境保护法律体系,使环境问

① 刘锋等:《发达国家治理大气污染的经验》,《域外瞭望》2013年第11期,第53—56页。

题的解决皆有法可依，环保工作纳入了法制化轨道，同时也为公众环境权益的保护提供了切实的保障。根据《清洁空气法》，环境保护署有责任审核各地大气质量监测所遵循的标准。在 2006 年 PM2.5 标准经历了一次的修改。根据 PM2.5 标准，主管部门把空气质量分为三类，未达标、达标或虽然数据不足但可被认为达标①。对不符合标准的区域，该地州政府必须拿出切实可行的路线图和时间表，时长是三年，详细列明拟采取的措施直到达标为止。联邦政府专设环保局管理，并成立空气质量顾问委员会为总统提供决策服务。该法在 1990 年修订后，进一步明确了联邦政府在管理大气污染防治计划、控制酸雨、固定污染源操作许可证、保护平流层臭氧等方面的权责，并要求所有重要工程项目必须递交环境影响报告。环保局可采用收紧发放新排放源许可证，终止联邦政府公路建设拨款等多种手段，制裁未按时提交空气质量管理计划、计划被否决或执行不达标的州。

第三，日本大气污染防治监管体制。在日本，政府、国民、企业应该做什么，禁止做什么，法律都有详尽的规定。这有利于推进执法工作，实施效果也十分明显。只要标准制定好，就一定会得到遵守。行政手段通常用来为各项标准的执行来服务，由地方政府与各企事业单位签订污染减排协议。地方政府在标准实施中发挥了桥梁作用。日本环保工作的特点是环境保护的法制化和环境保护的全民化。日本的经验对我国研究污染物排放标准体系树立了典范。我国人口众多，单靠监管部门，难以应对困境，必须发动群众。②

---

① 胡涛、吴玉萍、沈晓悦：《环境质量从根本上取决于经济发展方式——发达国家的历史经验与教训》，《WTO 经济导刊》2010 年第 9 期，第 67—69 页。

② 环境保护部总量司于飞、吴险峰，中国环境科学研究院柴发合，中国环境规划院杨金田、蒋春来，清华大学田金平：《日本氮氧化物总量控制带来哪些启示?》，《中国环境报》2010 年 2 月 1 日 。

2.大气污染防治法律制度

第一，英国大气污染防治法律制度。英国政府在联防联控方面的制度覆盖全国，值得借鉴。英国的大气控制区范围较小，中央和地方的关系更加灵活。英国1956年颁布的《清洁空气法》中设立的控烟区为城市内部区域；1995年《国家空气质量战略》中设置空气质量管理区也局限于市郡层面。截至2009年12月共有234个地方政府申请设立空气质量管理区，占地方当局总数的58%。2008年伦敦区内设立"低排放区"，设定污染物排放限值，从管制时间、覆盖地域、管制对象、运作流程、排放标准与进度安排、收费金额、付费方式、处罚规定、应对措施等方面明确了低排放区的政策要求。英国作为欧盟成员国，还要达到欧盟制定的标准。根据2008/50/EC指令要求各成员国在其领域建立区、块两个基本管理区域。空气质量评价和管理应在所有区块实行，区和块是成员国采取环境措施的基本区域，成员国应保证所有区块污染物水平达标。一旦超过限值，成员国就必须采取措施，并要向监督机构即欧盟委员会报告治理情况。这样一来，区块结合基本覆盖所有区域。① 治理污染问题上，英国更倾向于"谁污染谁付费"，而非"谁污染谁治理"的原则。即制造污染的企业来付费，由政府选定有资质、有能力的专业环保公司治理污染。这些专业的环保公司要对污染治理效果负责，并接受政府监管。这样一来，就充分利用了市场的力量，形成了排污企业、政府与专业环保企业的良性互动。

第二，美国大气污染防治法律制度。美国在环保领域的一个重要制度是排污权交易制度。当然这一制度是基于较高的技术标准和严格的技术控制措施。排污企业达到较高的治理要求，在完成自身生产需要的基础上有余额可以出售。整个排

---

① 常纪文：《域外借鉴与本土创新的统一：〈关于推进大气污染联防联控工作改善区域空气质量的指导意见〉之解读（上）》，《环境保护》2010年第10期，第8—10页。

污权交易体系完整的形成，将排放剩下的额度出售，就像普通的商业买卖，达到节能减排保护环境的目的。在1990年《清洁大气法修正案》通过后，排污权交易主要集中于在全国范围的电力行业实施，有可靠的法律依据和详细的实施方案，成为迄今为止最广泛的排污权交易实践。但是排污权交易对技术要求比较高，是在对各种污染物精确把握的基础上建立的，我国在这方面还难以企及。美国对区域联防联控制度也十分重视，1970年美国打破州的区域限制，划分为十个地理区域。设立了覆盖联邦各州的空气质量标准框架，在十个地理区域设立办公室对每一种空气污染物质制定州政府管理计划。联邦环保机构有权进行立法、执法、处罚，并通过强制执行手段和监控、技术改进等相结合的方式协调开展工作。

第三，日本大气污染防治法律制度。日本的《大气污染防治法》中也确立了大气污染严重区域制度，对该区域实行更严格的排放标准。2002年日本首都圈7都县市决定加强治污合作。如今，首都圈已经发展为9都县市蓝天网络组织，定期对各个区的汽车尾气污染、工业污染等方面进行检测与改善。日本政府还制定了一系列排放标准，无论是浓度还是指数，规定到十分精确。对于违规车辆被贴标为违规车，划定控制区，对司机和所有者开罚单。久而久之，也就自我淘汰，自我更新了，基本上属于倒逼机制。通过法律明确各项技术标准是日本的特色。也是我们学习的重点。[①]日本在《城市规划法》《城市绿地保护法》的基础上制定实施了5个城市绿地保护五年计划，建立了详细的城市绿化标准，包括人均占有城市公园面积、布局服务半径、规模、选址、服务设施设置及允许建筑面积等，不仅注重面积还注重绿化体积，房顶绿化十分有效。东京都政府还出台了补助金等一系列政策，鼓励和支持屋顶绿化。《绿色东京规划(2001—2015)》提出，到2015年东京屋顶绿化面积

---

①　李启家:《日本大气污染防治立法新动向探微》,《环境导报》2000年第4期,第12—15页。

要达到1200公顷。日本的城市建设方方面面都要经历大转换包括生活理念、规划、建设，处处贯彻低碳城市的理念。

3. 大气污染防治法律机制

第一，英国大气污染防治法律机制。英国政府对空气污染的治理很多方面的措施都是创举，如征收交通拥堵费、限制私家车允许的时间和路段。这一措施从开始的试点一直扩大区域，收费标准也随着经济的发展不断修改，效果显著。近些年，伦敦市还发布了进一步的《交通2025》方案，对进入伦敦的车辆进行更为严格的限制。在治污经费方面，英国早在1956年的《清洁空气法》就明确在控烟区内改装炉灶的费用，30%自理，30%由地方政府解决，40%由国家补助。2009年英国政府又投入近1亿英镑设立绿色公交基金，鼓励公交车采用低排放技术。2008年欧盟委员会通过《环境空气质量指令》，[①]所有成员国的悬浮颗粒物含量在2010—2015年间必须控制在25微克/立方米，于是伦敦开始在各大繁忙路段配备具有车载喷洒化学（醋酸钙镁）溶剂的车辆，用于吸附颗粒物，清洁空气。英国在绿色产业方面不遗余力，英国是最早提出"低碳"概念并向全球推广的国家，其把部分目光集中在智能电网建设上。2011年，在英国电监会的推动下，英国电力公司联合高科技企业和高校，发起总投资达3000万英镑的"低碳伦敦"实验项目。该项目的主要研究涉及三个方面，一是增加电力来源，提高电能使用效率，这涉及分布式供电系统的应用以及智能电表的普及；二是电力供应交通，即促进电动汽车发展；三是电力供应热能，即推广热泵。英国的产业发展逐渐转型，由工业发展转向金融服务业，高新技术和旅游等。[②] 按照英国政府的计划，到2020

---

① 胡涛、吴玉萍、沈晓悦：《环境质量从根本上取决于经济发展方式——发达国家的历史经验与教训》，《WTO经济导刊》2010年第9期，第67—69页。

② 段菁春、薛志钢、柴发合等：《典型城市公众感受与空气污染指数的相关关系》，《环境科学研究》2011年第24期，第133—138页。

年,可再生能源在能源供应中要占15%的份额,40%的电力将来自绿色能源。太阳能和风能都被英国政府利用起来,并制定了详细的研发和推广计划,以及适当的奖励机制,“绿色评级”已经初具规模,对建筑的节能环保要求也高于其他国家,并且都有循序渐进的推进时间表,英国人的战略意识得到充分发挥和体现。

第二,美国大气污染防治法律机制。由于美国的污染排放标准是一个动态的体系,要求新建项目须采纳最佳可行技术,而拥有先进环保技术的企业可以提出他们的技术是适用于该新建项目的最佳可行技术。这样就给环保技术公司以创新的动力,不断去发明创造排放更低的和治污效果更好的技术,以便占有市场。美国环保署通过AIRNow网站为全国发布通俗易懂的空气质量信息,包括清洁指数、臭氧含量指数、PM2.5并公布全国最差的五个地区,以此敦促各州主动采取措施,这一做法我们已经采纳。①美国在治理污染的主要经费来源包括排污收费、排污权交易和燃油税费,大概只有五分之一来自政府环保工作经费。

第三,日本大气污染防治法律机制。日本治理措施的一大特点,就是提高单位能源的利用率,对污染物的排放标准具体到最小的单位(比如说每一个烟囱的排放量)。据统计,我们发现每一分产出对应的煤炭消耗,日本是中国的1/16;每一升汽油燃烧,日本排放出的污染物是中国的1/15;每一囱工业废气排放,日本企业都在小心净化。促使环境保护市场化和产业化,使企业主动参与环境保护也是日本政府的战略思想。1958年东京政府开始制定东京圈基本规划,着力于产业结构调整、主导产业选择、产业地区布局等。从20世纪60年代起,东京的很多制造企业纷纷迁到横滨甚至国外。日本着力于发展高科技产业、服务业和绿色经

---

① YinJX. HarrisonRM. Pramatic Mass closure study for PM1.0. PM2.5 and PM10 at road side. urban background and rural sites, Atmospheric Environment,2008(5),pp.980—988.

济产业。[①] 日本汽车行业混合动力技术成熟领先,并已广泛投入应用,2000 年以后,英国和日本均大力投资发展氢燃料电池公共汽车,并制定了《低油耗汽车利用章程》。

4. 大气污染防治法律责任

第一,英国大气污染防治法律责任。英国在治理汽车尾气改善交通问题上,有着严格的公车管理和监督制度,让公车无法成为官员们下班的代步工具。对于一些空气质量较差的地区,政府一定划定区域设定时间节点,强制其治理达标,否则后果严重。对于不达标地区的政府机关,在罚款方面的规定十分详尽,特点突出:一是罚款巨大,超过 3 亿欧元。如此大额的罚款,才能让英国企业感到切肤之痛。二是这种罚款是法律行动,交由欧盟法院裁决。欧盟会向英国寄送法律文书,英国政府有两个月的时间对此做出回应。三是罚款不是一次的,只要空气不达标,以后每年都要罚超过 3 亿欧元。一般地区难以承受高额罚款,直接导致地区内的很多重污染企业转移至第三世界,企业另外强制性安装过滤装置,加高烟囱等方式改善空气质量。

第二,美国大气污染防治法律责任。联邦环保机构有权进行独立的立法、执法、处罚,并通过强制执行手段和监控、技术改进等相结合的方式协调开展工作。环保局可采用收紧发放新排放源许可证,终止联邦政府公路建设拨款等多种手段,制裁未按时提交空气质量管理计划、计划被否决或执行不达标的州。

第三,日本大气污染防治法律责任。日本采用污染者负担,受益者分担的原则,将为保护环境而采取措施的费用由企业承担,政府和地方公共团体相互协作,并提供财政支持。对于一些拒绝履行污染预防或者治理不积极的企业,将面临供水限制的惩罚,对其生产进度的影响逼迫这些企业不得不采取有力措施应对。《大气污染防治法》的法律责任追究上升到了刑法的高度,其针对的违法

---

① 刘锋、黄斌、刘如菲:《发达国家治理大气污染的经验》,《域外瞭望》2013 年第 11 期,第 53—56 页。

行为主要是污染物超标排放等。处罚程度上，罚役最轻被关押服劳役不超过 3 个月，最重不超过 1 年；最轻罚款的金额不得超过 12500 元（折合人民币），最重罚款的金额不得超过 62500 元（折合人民币），另外日本环境刑法引入了“处罚危险犯”。①

（三）国外经验小结

美国、英国和日本等发达国家走过的路，有些可以参考，但是推动立法的过程过于惨烈，我们不能成为下一个公害大国。人类历史上“八大公害”都发生在工业高速发展的时期，如今我们也迈入经济转型期，绝对不能重蹈覆辙，让悲剧再现。污染事故推动立法让人心痛，因此在危害显现初期，我们必须根治。从上述几国的经验看，治理雾霾的途径主要有五条：一是调整经济结构，大力发展高端制造业和服务业，抑制低端制造业的扩张，淘汰重化工等高能耗产业；二是改善能源结构，鼓励使用天然气、风电、太阳能等清洁能源，大规模压减煤炭使用量；三是加强技术创新，发展节能环保技术，提升能源和资源的利用效率，减少污染物排放；四是加强环境管理，强化环境约束，规范环境行为；五是依靠社会力量，让公众来参与并监督重大环境行动。经过长达半个世纪的努力，伦敦现已摘掉了“雾都”帽子，重见蓝天白云，城市经济也成功转型，恢复了发展活力。同时，洛杉矶也摆脱了烟雾的困扰，重现昔日海滨美景，这值得我国深思。

二、外国雾霾防治经验启示

（一）立法体系启示

在立法体系上，这三个国家都选择了制定专门的《清洁空气法》总揽全局，协调各方，然后通过总量控制、强制达标、高额罚款等措施来敦促污染企业采取对策降低污染物排放。这些国家的立

① 薛金枝、朱庚富：《中日大气污染控制法规比较及建议》，《环境污染与防治》2008 年第 11 期，第 101—103 页。

法也不是一蹴而就,也是经过至少30年的演进,逐渐摸索。我们国家在立法上也要有心理预期,但是有了发达国家的经验,我们能少走许多弯路,提高环境法律位阶,将排放标准作为准用性规则。借鉴国外经验,我国应从如下几个方面完善我国大气污染防治的立法体系:

1. 细化《环境保护法》的实施细则

我国《环境保护法》刚刚经过修改,但是该法作为综合性环境保护基本法,内容比较原则和概括,可操作性不强。因此应将细化该法的实施细则作为治理雾霾工作的重中之重,使该法规定的基本原则和制度在大气污染防治领域得以有效贯彻。为了更有效地应对雾霾,细化该法的实施细则的重点应该放在扩大公益诉讼主体,增加对污染者的处罚力度,包括人身处罚。进一步明确政府责任,增加环保投入,增加环保机关的执法权限,将环境保护,大气污染的改善放在政绩考核的突出位置。

2. 修改《大气污染防治法》

在修订《大气污染防治法》时要明确相关法律制度在大气污染法中的地位,提高治理空气污染相关对策的法律位阶,包括区域大气污染防治体制,补充完善机动车管理的相关制度,建筑粉尘污染控制强制性指标,大气污染物排放总量控制,各地区根据自己的水平针对重污染行业可以制定更严格的标准。确认环境保护部门在污染防治中的主管地位,组建全国性的区域污染防治机构,协调建立区域经济、社会、环境的控制性指标体系,根据区域的环境容量确定能源消耗总量、产业功能定位、机动车总量等刚性指标,并将这些指标纳入对各地政府考核的指标体系。

3. 制定《区域大气污染联防联控条例》

明确区域间的合作协定,根据签订的京津冀六省市目标责任书、环保部等九部委签署的《关于推进大气污染联防联控工作改善区域空气质量的指导意见》,细化各项政策措施,分配各自的排放总量控制指标,以及区域间约定好惩罚机制,设立共同防治基金,以及奖励机制,加强对放量距离较近的城市之间的污染物输送、转化、耦合,导致细粒子浓度、臭氧浓度变化的技术研究与合作。以解决区域性、复合型大气污染问题为目标,依靠区域内地方政府间对区域整体利益所达成的共识,运用组织和制度资源打破行政区域的界限,明确主体机制、目标机制、运行机制和保障机制,重点解决“谁是联防联控主体”和“怎样确定联防联控主体”的问题。统筹环境资源,严格落实责任,形成治污合力。

4.完善建筑粉尘污染控制立法

针对建筑扬尘的治理也应该出台《建筑扬尘污染防治条例》,对施工方必须采取的除尘措施以及法律责任,尤其要注重发挥人民群众在这一领域的监督权,保证群众的知情权、检举控告权,促使工地施工方采取措施减少粉尘,使用环保材料。同时要明确监管部门职责,统一标准,严格执行。

5.完善机动车污染控制立法

为了更好贯彻落实国家的“环境保护十二五规划”提出为了促进环境保护事业的科学发展,加快资源节约型、环境友好型社会建设,明确了各种大气污染物的减排目标,实施多种大气污染物综合控制,以及能源发展“十二五”规划。在机动车领域已经出台了《汽车排气污染监督管理办法》,对环保部门、公安机关、国家进出口商品检验局、中国人民解放军总后勤部、交通部、中国汽车工业总公司的监管职责有了较明确的规定。时至今日,全国人大应该出台《机动车污染防治条例》,进一步明确机动车尾气排放标准,主要监管机构及职责,对于高峰时期的私家车车主征收拥堵费以及违法者的法律责任。

6.完善能源领域污染控制立法

制定《能源领域的污染控制条例》,针对城市供暖,要探索多元化的能源结构,集约化的管理模式,针对北方城市冬季供暖特点,采取电暖和煤暖相结合的方式,对室内温度管理要更精确,减少浪费。对于油品升级,要按照上下游一体化、炼化储一体化的原则,依托进口战略通道建设炼化产业带,统筹新炼厂建设和既有炼厂升级改造,建设若干个大型化、集约化的炼化基地,逐步形成环渤海、长三角、珠三角三大炼油产业集群。严格行业准入管理,推进企业兼并重组,提高产业集中度。统筹传统能源、新能源和可再生能源的综合利用,按照自用为主、富余上网、因地制宜、有序推进的原则,积极发展分布式能源,实现分布式能源与集中供能系统协调。

(二)监管体制启示

管理体制上,由于国情不同各国的监管体制也不相同。英国不仅有本国的管理机构,还要接受欧盟委员会的监督。美国作为联邦制,州政府在治理污染方面的权限更大,措施更具体到位。日本地方政府在标准实施中发挥了灵活性作用。日本环保工作的特点是环境保护的法制化和环境保护的全民化。尽管我国也有自己的特有国情,但还是有必要借鉴国外一些有益的经验完善我国的大气污染防治监管体制。借鉴国外经验,我国应从如下几个方面完善我国大气污染防治监管体制:

1.建立区域之间互相合作协调的管理体制

为了加强区域之间的互相合作协调,我国应建立区域之间互相合作协调的管理体制,比如区域联防联控联席会议,专家组讨论机制,成立共同巡视核查小组,定期在联席会议上公布节能减排工作进展情况,督促各地区及时完成任务,并汇报至环保部。

2.立法上赋予环保部门强制权

通过立法赋予环保部门强制权,使环保机关不必申请法院强制执行。因为环保问题往往都有随着时间的流逝越发严峻的特质,等到法院批准强制执行,违法排污的企业往往已经对环境产生恶劣的影响。因此,应当赋予环保部门拆除、查封污染源的强制权力,环保部门的强制执行权也可以保证电力部门、水行政主管部门配合实施环保处罚措施,起到使排污企业和单位有所忌惮,减少雾霾成因的作用。2008年11月,昆明市在全国率先成立公安环保分局,不仅加强对环境执法的落实,还将环境执法纳入了公安执法体系,有效加强了环境执法力度。环保分局在其行政管理范围内有效执法，同时配合环保部门的执法工作，对违反《环境保护法》造成环境污染事故的查处起到重大作用。

3.实现环保部门垂直管理的体制

为了解决环境监管和执法过程中存在执法不严和监管不到位等突出问题，改变环保执法机构在处理重大污染企业时受制于地方政府的弱势地位。未来要加强环保机关执法独立性，地方环保机关脱离政府，直接受上一级环保机关管辖，垂直领导，省环保机关直接受环保部管辖。环保机关有责任严格执法，发现有违反规定造成损失，上级环保机关一定要追究其领导责任。做到“不纵容，不姑息”，防止环保机关与当地政府沆瀣一气，从而减轻因政府“政绩观”而纵容排污，加重雾霾成因的现象。

（三）法律制度启示

建立区域联防联控制度是这三个国家共同的选择，而且在联控方面没有漏掉任何区域，网状结构遍布全国。大气污染物可以跋山涉水甚至远渡重洋，因此国外的区域联防联控制度值得探讨。针对我国国情，日本的立体式绿化制度、英国的谁污染谁付费等制度也值得我们借鉴。借鉴国外经验，我国应从如下几个方面完善我国大气污染防治法律制度：

1.建立定期与即时大气情况播报制度

《国务院关于落实科学发展观加强环境保护的决定》规定“实行环境治理公告制度”，这一制度在防治雾霾的领域同样适用。该制度的具体内容为，定期公布各省（区、市）有关大气环境保护指标，发布城市空气质量等信息，及时发布污染事故信息，为公众参与创造条件；环保部门要定期对各地区的城市综合环境整治情况进行常态化的评估检查，并公布检查结果，重点督察环境质量不达标的城市，采取处罚措施，并实行投资环境风险预警机制。

2.完善公众参与制度

我国的《环境保护法》和《大气污染保护法》对这一制度的论述已经十分清晰，我们未来工作的重点是要落实制度，用法律保障这一项制度的落实。注重培养环境法治的公民意识,[①]将空气监测和政府信息公开、智慧城市建设等机制体制建设相结合,及时、透明、有效地发布空气质量指数和提示信息,从而使空气治理成为可量化、可监测、可预警、可控制的系统性管理工程。具体而言从下列三个方面提高空气治理的公众参与度:一是预案参与。通过设立审议机构、健全听证会制度、依据民意调查制定政策等措施,使得公众在环境法律、法规、政策、规划制定过程中和开发建设项目实施之前就能参与并影响决策过程和结果;二是过程参与。以社会监督力量通过媒体、社会活动、环境纠纷处理和市民选举等方式,实现对政府和企业的监督;三是行为参与。鼓励居民实行环保的生活方式。同时还要公布举报值班电话和接待部门,全面为公民参与铺路架桥。

3.建立健全跨区域联防联控制度

2012年底以来发生的雾霾现象,带有明显的区域性特征。要根治雾霾必须实施区域联防联控措施,坚持属地管理与区域联动相结合,提升区域大气污染防治整体水平。特别重要的是,必须花大力气,研究区域联防联控的联合组织方式,降低实施难度。在全国环境保护部际联席会议制度下,建立区域联防联控协调机制,包括不定期召开由有关部门和相关地方人民政府参加的专题会议,组织编制防控规划,落实政府、责任单位和企业的责任,完善考核,加强宣传。建立区域通报机制,要创设新法律措施,可考虑将区域联合控制法定化,突破环境保护和治理的地域限制,在PM2.5值较高的华北、华东等重点区域率先实施区域联合控制,在核算区域生态环境容量的基础上,以区域内的产业布局、能源构成、气候规律等特点为据,合理分配减排任务,统一实施有针对性的治理措

---

① 张文显:《法哲学范畴研究》,中国政法大学出版社2001年版,第166—167页。

施。[①] 区域联防联控必须从源头出发,引导区域产业结构调整和技术进步,促进地方经济发展方式转变;重点区域内实施煤炭消费总量控制和削减方案;全面加强重点企业的清洁生产审核,进一步淘汰落后产能。

（四）法律机制启示

在大气污染防治法律机制方面,国外的基本经验是,一方面,鼓励科技发展,注重采用经济激励机制,培养企业研发的积极性;另一方面,注意治理费用的筹集要多渠道。政府牵头,市场化运作,民众自理一部分,保证大气污染治理费用来源的可持续性。雾霾污染中汽车尾气的贡献至少在两成以上,治理汽车尾气,征收拥堵费、提高燃油标准、发展公共交通等机制都十分必要。因此,我国借鉴国外经验,从如下几个方面完善我国大气污染防治法律机制:

1. 完善经济激励机制

遵循“国十条”确定的“谁污染、谁负责,多排放、多负担,节能减排得收益、获补偿”的原则,积极推行激励与约束并举的节能减排新机制。对能效、排污强度达到更高标准的先进企业给予鼓励。全面落实“合同能源管理”的财税优惠政策,完善促进环境服务业发展的扶持政策。完善价格税收政策,对排污费征收绝不手软。国家财政应加大基础研究投入,加强银行信贷对环保投资的支持力度,多渠道筹措资金,建立企业创新奖励基金。PM2.5 的治理,依赖于动态站点检测系统,数据分析系统的精准性,区域联动联控系统等,及时更新的播报系统,以及污染物环境毒理学研究等技术上的突破。[②] 要综合治理污染,在末端处罚是下下策,从源头弄清楚作用机理,才是明智之选。污染治理建设项目招标时要着重考

---

① 常纪文:《环境法前沿问题——历史梳理与发展探究》,中国政法大学出版社 2011 年版,第 169 页。

② 刘锋、黄斌、刘如菲:《发达国家治理大气污染的经验》,《域外瞭望》2013 年第 11 期,第 53—56 页。

虑企业环保技术创新实力,发挥市场经济杠杆作用提高企业加大环保科技创新的积极性,确立其高新技术企业的地位。

2. 完善区域间惩罚机制

对于各省市签字的目标责任书的效力问题,区域内各省市要达成共识,共同遵守。对于到期不达标者,一是要限制区域内新建项目的审批;二是纳入地方发展政绩考核体系中;三是除了企业缴纳罚款,地方财政要向中央环保部门缴纳保证金。

(五)法律责任启示

在法律责任承担方面,英国和日本、美国尽管规定名目不同,但是基本都采用受益者和污染者共同分担治理污染的责任,针对污染企业的违规操作,均采用严厉的经济惩罚。日本对不服从企业进行限水措施,也十分奏效。借鉴国外经验,我国应从如下几个方面完善我国大气污染防治法律责任:

1. 明确监管机关的法律责任

鉴于政府机关往往和违法排污企业有利害关系,无法起到有力的环保监管作用,检察机关作为独立于行政机关的法律监督机关,行使国家的检察权,有权对环保机关面对环境污染的不作为提起公诉。为了有效监管环保执法,对于环保机关滥用职权、行政不作为等违法行为,当地检察机关有权对其以渎职罪提起公诉。

2005 年《国务院关于落实科学发展观加强环境保护的决定》规定了地方政府及地方领导人的责任、环保部门的监管责任、地方相关部门的项目审批、登记、规划、用地、设计、竣工验收责任、企业的责任以及公众的责任。为了逐步实现这些目标,要逐步完善决策问责、环境公益诉讼、民事诉讼和行政诉讼、法律援助、环境行政监察、上游政府的赔付补偿责任、地方人大、地方政协监督等环境责任监督机制。

对于各级政府的监管部门,应定期考察治理成果,不仅要列入政绩考核,对于不达标的地区监管机关还要承担法律责任。可以参考《北京市 2013—2017 年清洁空气行动计划》规定,将细颗粒物指标作为经济社会发展的约束性指标，对本届政府绩效考核要将环境治理情况放在首位。目标责任书是有法律效应的，对行动目标和具体任务各级各部门都要有清醒认识，认识到其重要性，思想上重视才能在行动落实构建，并实行“一票否决”制。每年初对各区县政府、市有关部门和市属国有企业上年度任务完成情况进行考核，考核结果作为领导班子考核评价的重要内容，适时向社会公布。完善相关环境公益诉讼程序，追究环保部门、交通部门、城建部门的行政责任，敦促其履行职权。在各级政府中，中央政府应着重于标准制定和跨区协调，省级政府应制定达标计划和时间表，市级及以下政府应着重于执行环保措施和环境监测。

2.明确规定区域之间责任分配

根据《大气污染防治计划》十条措施，对于京津冀、长三角、珠三角区域以及辽宁中部、山东、武汉及其周边、长株潭等“三区十群”中的47个城市，新建火电、钢铁、石化、水泥、有色、化工等企业以及燃煤锅炉项目设置大气污染物特别排放限值，针对这些重污染区要重点整治。各地区可根据环境质量改善的需要，扩大特别排放限值实施的范围。

大气污染防治涉及自然生态环境、产业结构、城镇体系、跨界合作和生活方式等方面，是一项涉及多种时空条件转换的长期系统工程。因此，大气污染治理需要顶层设计和统筹规划，通过法律、伦理、行政、经济等手段有机结合，将污染源控制、污染处理、污染监测、污染警示、污染疏散等环节系统地融入城镇化、工业化进程中，并针对不同污染源、不同区域和不同发展阶段制定专项的大气污染防治法规条例。

在各地区责任划分时更要注意公平有所区分，奖惩结合，明确防控的重点区域，如京津冀、长三角、珠三角。这三个地区要分别制定大气环境管理法规、排放标准和政策体系，实现城市污染物排放总量显著下降，重点企业全面达标排放，重点区域内的空气质量达到或好于二级标准，雾霾和光化污染天气明显减少，环境治理大幅改善。对于不符合标准的限期整改，可以在建筑扬尘和汽车尾气方面开展专项整治。加快区域内产业升级,确保电力、石化、煤炭、水泥等行业淘汰落后产能。各级政府,针对区域空气特质,制定有针对性科学的治理计划,明确标准和目标,定期向环境监管机构报告治理情况对区域治理情况。

3.明确规定企业的法律责任

应规定企业负有强制性的污染物排放信息公开和治理任务完成情况信息公开的义务,自觉接受人民群众监督、舆论监督、政协人大的监督,主动配合执法机关的检查。对于企业出现超标排放,采取民事赔偿和行政罚款的形式承担责任,提高超标排放的经济制裁力度,例如取消罚款最高限额上限和按日叠加处罚。限期治理仍不达标的,根据恶劣程度给予经济处罚。对于造成重大恶劣影响,达到量刑标准的依法予以追究刑事责任。

三、国外雾霾防治的典型案例

(一)美国洛杉矶光化学烟雾治理案例

洛杉矶可能最有名的是以好莱坞为标志的娱乐业,但是洛杉矶也是美国有名的工业城市。从20世纪40年代开始,拥有大量汽车的洛杉矶城上空开始出现由光化学烟雾造成的黄色烟幕,也称"光化学烟雾"。这种光化学烟雾的主要危害是刺激人的眼睛、灼伤喉咙和肺部、引起胸闷等,还可以导致植物大面积受害,例如导致松林枯死,柑橘减产。1955年,洛杉矶因光化学烟雾引起的呼吸系统衰竭死亡的人数达到四百多人。

光化学烟雾发生后,最先站出来的是洛杉矶当地最大的媒体《洛杉矶时报》,他们雇用了一个空气污染专家就雾霾展开调查。专家经调查后得出的结论是,空气中的大部分污染物来自汽车尾气中没有燃烧完全的汽油,只有一小部分来自工厂的废气以及焚烧炉。加州理工学院的荷兰籍科学家阿里·哈根斯米特通过分析空气中的成分发现,雾霾的罪魁祸首实际上是汽车尾气。汽车尾气中的碳氢化合物和二氧化氮被排放到大气中后,在阳光紫外线照射下,发生光化学反应,产生含剧毒的光化学烟雾。这是洛杉矶人第一次意识到,原来给他们带来威胁的雾霾就出自自己心爱的汽车里,他们自己就是污染源。

1970年《清洁空气法》是一个重要的里程碑。在这之前洛杉矶的监管者在面对全国性的汽车和石油巨头时往往有心无力,但1970年《清洁空气法》的出台标志着全国范围内污染标准的制定成为可能。1960年代末,随着美国民权和反战运动的高涨,越来越多的普通人也开始关注环境问题。1970年4月22日这一天,2000万民众在全美各地举行了声势浩大的游行,呼吁保护环境。这一草根行动最终直达国会山,立法机构开始意识到环境保护的迫切性。后来这一天被美国政府定为“地球日”。民众的努力促成了1970年《清洁空气法》的出台。在该法法律草拟过程中,洛杉矶大气污染防治方面的众多经验被拿来参考。1970年《清洁空气法》将大气污染物分为基准空气污染物和有害空气污染物两类,并第一次界定了空气污染物的组成。1970年《清洁空气法》还授权政府组建美国环保局来负责监督该法的实施。这部法律在后来的大气污染防治和其他环境保护中发挥了关键作用。

通过长达十余年的努力,洛杉矶的空气开始慢慢转好。根据环保部门的统计,洛杉矶一级污染警报(非常不健康)的天数从1977年的121天下降到1989的54天,到了1999年这个数字已经降为了0。蓝天白云重新出现在洛杉矶的上空,城区的人们大部分时候都可以清楚地看到70公里外的巴迪山,而做客洛杉矶道奇球场的客队球员也不再需要靠氧气罐完成比赛。

(二)英国伦敦烟雾防治

1952年12月4日至9日,伦敦上空受高压系统控制,大雾笼罩,连日无风,大量工厂生产和居民燃煤取暖排出的废气难以扩散,积聚在城市上空。当时,伦敦空气中的污染物浓度持续上升,许多人出现胸闷、窒息等不适感,发病率和死亡率急剧增加。在大雾持续的5天时间里,据英国官方的统计,丧生者达5000多人,在大雾过去之后的两个月内有8000多人相继死亡。此次事件被称为“伦敦烟雾事件”,成为20世纪十大环境公害事件之一。1952年“伦敦烟雾事件”发生后,英国人开始反思空气污染造成的苦果。此后,英国政府制定了一系列防治大气污染的法规,1954年的“伦敦市法[City of London (Various Powers) Act 1954]”,1956年英国政府颁布了《清洁空气法案》,大规模改造城市居民的传统炉灶,减少煤炭用量;发电厂和重工业被迁到郊区。1968年以后,英国又出台了一系列的空气污染防控法案,这些法案针对各种废气排放进行了严格约束。80年代后,交通污染取代工业污染成为伦敦空气质量的首要威胁。为此,政府出台了一系列措施,来抑制交通污染。包括优先发展公共交通网络、抑制私车发展等。经过50多年的治理,伦敦终于摘掉了“雾都”的帽子,城市上空重现蓝天白云。英国在2003年的时候,政府出台英国能源白皮书《我们的未来——创建低碳经济》,首次提出了低碳经济概念,提出要在2050年建成低碳社会。总之,英国根据国情,走的是一条以“立法为主,补贴为辅,全面推进,最终建立低碳社会”这样一个大气污染和雾霾治理模式。这亦值得我在治理雾霾方面加以学习和借鉴。

第五节　雾霾污染防治之浙江法治实践

一、浙江省雾霾污染防治立法实践

(一)浙江省雾霾污染防治立法的成就

雾霾天气的频繁出现不仅使交通运输受到很大影响,也给人们的身心健康带来了严重威胁。面对雾霾污染之现状,浙江省加快完善相关的法律文件,并取得了显著的成效,颁布实施了大量水污染防治方面的法律文件,包括享有地方立法权的权力机关颁布实施的地方性法规、享有地方立法权的人民政府颁布实施的地方政府规章以及其他行政规范性文件。浙江省雾霾污染防治地方立法文件主要有《关于进一步加强污染源自动监控系统监督管理工作的通知》(2015)、《宁波市大气污染防治行动计划专项实施方案》(2015)、《浙江省燃气管理条例》(2014)、《浙江省机动车排气污染防治条例》(2013)、《浙江省人民政府关于印发浙江省大气污染防治行动计划(2013－2017年)》(2013)、《地方环境质量标准和污染物排放标准备案管理办法》(2010)、《宁波市机动车排气污染防治管理办法》(2010)、《浙江省大气污染防治条例》(2003)等。

(二)浙江省雾霾污染防治立法的不足与完善

《浙江省大气污染防治条例》(2003)是浙江省最重要的大气污染防治法律文件,该《条例》是浙江省大气污染防治立法现状集中体现。《浙江省大气污染防治条例》2003年开始颁布实施,至今已经12年有余,已经远远满足不了浙江省治理大气污染的现实需求。无论是人们对大气治污的认识,还是大气污染的现实,当时和现在都不可同日而语。最典型的表现是,当时各界基本上还不知道有"PM2.5"这个概念,法律自然也就不会有相应的约束条文。但现在PM2.5已成灰霾天的最恐怖"杀手",直接影响到民众的生活健康,必须给其戴上法律的"枷锁"。雾霾当前,彰显出《浙江省大气污染防治条例》有不少需要修订的地方。

1.大气污染防治监督制度的不足与完善

《浙江省大气污染防治条例》第五条规定"任何单位和个人都有保护大气环境的义务,并有权对污染大气环境的单位和个人进行检举和控告。"从本条可以看出,《大气污染防治法》仅将单位和个人作为控告和检举的对象,并未使政府成为监督的对象。单位固然可以包括政府机关,但从《浙江省大气污染防治条例》的全文来看,单位仅限于企业法人,在某种程度上两者可以互换使用。这就造成了政府行为缺乏监督。对政府机关不履行职责,造成大气污染的情况,单位和个人并不能够借助《大气污染防治法》予以监督,无形当中削弱了《大气污染防治法》的法律权威。从监督的方式来看,控告和检举为仅有的两种方式,诉讼也没有作为一种监督的方式,监督的方式不全面。应当将政府作为监督对象,建立政府监管责任追究机制,对纵容、包庇环境违法行为和决策错误导致辖区大气质量恶化的地方政府领导,对不履行环保职责的有关部门负责人和环保执法人员追究其责任。对政府的监督应增加诉讼作为监督方式,可引入公益诉讼制度,公众可对政府在大气污染防治方面的违法、失职行为提起诉讼,使法院也成为保护大气环境的一道屏障,加强政府的责任要求。

2.信息公开和公众参与制度的不足与完善

10 年前颁布实施《浙江省大气污染防治条例》时,大气污染状况不像现在这么严重,社会公众对大气污染问题也不像现在这么关心,所以《浙江省大气污染防治条例》对信息公开和公众参与制度的规定非常少。一方面,如今我省大气污染非常严重,公众对大气污染问题十分关心,强烈要求政府向社会公布大气污染防治方面的重要信息,包括关于大气环境质量标准的信息、关于重点排污企业大气污染物的种类、数量和浓度等因素的信息、关于重污染天气应急预案的信息、关于突发环境事件产生的大气污染物的监测信息等。另一方面,如今我省大气污染非常严重,单靠政府的力量无法搞好大气污染防治,必须依靠社会各界的参与,同时社会各界的参与能够对政府形成有效监督,避免政府“有权任性”,市政府的大气污染防治决策更加科学合理。我省未来大气污染防治立法工作的重点之一就是要落实信息公开和公众参与制度,用法律保障这项制度的落实。第一,应像《中华人民共和国大气污染防治法》(2015 年修正)一样,明确规定采用适当的方式和途径向社会公众公开大气环境质量标准、重点排污企业大气污染物的种类、数量和浓度等因素、重污染天气应急预案、突发环境事件产生的大气污染物的监测信息等社会公众十分关注的信息。通过立法规定将大气监测和政府信息公开、智慧城市建设等机制体制建设相结合,及时、透明、有效地发布空气质量指数和提示信息,从而使空气治理成为可量化、可监测、可预警、可控制的系统性管理工程。第二,为提高空气治理的公众参与度提供法律依据。对公众参与进行全面系统的规定,对预案参与、过程参与和行为参与的整个参与过程都要进行明确规定。规定通过设立审议机构、健全听证会制度、依据民意调查制定政策等措施,使得公众在环境法律、法规、政策、规划制定过程中和开发建设项目实施之前就能参与并影响决策过程和结果;规定以社会监督力量通过媒体、社会活动、环境纠纷处理和市民选举等方式,实现对政府和企业的监督;规定鼓励居民实行环保的生活方式。

3. 企业法律责任制度的不足与完善

10 年前颁布实施《浙江省大气污染防治条例》(2003)时,我省大气污染状况不是那么严重,当时没有意识到严厉处罚企业违法行为的重要性和必要性,所以《条例》对企业违法行为的处罚力度严重不足,具体体现在如下几个方面:一是罚款上限低。《浙江省大气污染防治条例》(2003)规定的对企业违法行为罚款的上限十分低,只有 10 万元,对违法行为根本没有约束力,企业付了罚款后污染依旧,而不去控制污染。二是,按日计罚、倍数计罚、取消罚款上限等加大处罚力度的规定根本没有。由于对企业违法行为的处罚力度太小,造成企业“违法成本低,守法成本高”的现象,无法制裁、震慑和遏制环境违法行为,致使许多企业宁愿选择违法排污并缴纳罚款,导致恶意偷排、故意不正常运转污染防治设施、长期超标排放等持续性环境违法行为大量存在,严重损害了环境法律应有的威严。天价罚款是发达国家共同采取的措施,有利于敦促企业采用节能环保技术,增强企业的社会责任感。应提高对企业违法行为的处罚力度,例如像《中华人民共和国大气污染防治法》(2015 年修正)一样规定取消罚款最高限额的上限、按倍处罚、按日叠加处罚等。按日叠加计算比静态的一次性罚款要有效,挤压污染物超标排放企业和个人的利润上升空间,增加违法成本。

二、浙江省雾霾污染防治执法实践

(一)大气污染防治行动

浙江省政府印发《大气污染防治行动计划专项实施方案(2014

—2017)》,对调整能源结构、防治机动车污染、治理工业污染、调整产业布局、整治城市扬尘和烟尘、控制农村废气污染等六大领域做出专项部署。同时,浙江全年淘汰黄标车及老旧车38.15万辆,已建成107个机动车检测站,环保标志发放率85%以上;全省公共服务领域新增新能源汽车占比达52.1%,仅杭州市新增纯电动微公交就有6730辆;全省新增公共自行车6.9万辆。这个方案的实施有助于减少汽车尾气以及扬尘的产生,降低高耗能产业和高污染产业的危害,从雾霾产生的源头上治理,对于解决雾霾来源问题,改善生态环境具有重要意义。

(二)加强环境监管执法工作

浙江打造环境监管最严省份,对环境违法的态度始终是零容忍。2015年上半年,全省完成环境行政处罚案件4154件,罚款1.92亿元。今年1月新《环保法》正式实施,赋予了环保部门按日计罚、查封扣押、限产停产、移送行政拘留等“撒手锏”。在以上完成的环境行政处罚案件中,适用新环保法赋予的新手段,查封扣押587件、限产停产82件、按日计罚15件。移送公安案件455件,行政拘留223人,刑事拘留359人。此外,浙江的行政处罚案件、移送公安案件数、行政拘留和刑事拘留人数以及新环保法配套制度案件数据均是位居全国前列的。

(三)浙江能监办四项措施推动雾霾治理工作

中国发生大范围的雾霾天气源于中国近几十年以重工业为主的国家发展战略及以化石燃料为主的能源消费结构。为了切实履行新《环保法》以及《大气污染防治法》的要求,浙江省人民政府把治理雾霾作为今年十方面民生实事之首,提出了年内完成50%的省统调燃煤机组启动实施超低排放技术改造,30%实现清洁排放,淘汰改造燃煤小锅炉的年度工作目标。

浙江能源监管办作为责任单位之一,高度重视,及时落实内部工作责任,加强与省有关部门配合,迅速制定了工作措施。年内将重点抓好以下工作:一是及时全面掌握省统调燃煤机组超低排放改造计划,收集和汇总第一手数据信息;二是及时监督检查有关计划执行情况,特别是加大对各统调燃煤发电企业超低排放改造情况抽查核实的力度;三是加强对完成改造的机组进行排放数据实时监测,对改造后不能满足超低排放要求的机组下发监管意见,责令整改;四是加强对燃煤小锅炉淘汰改造情况调研,及时掌握改造后全省燃煤减量以及天然气、电力和其他清洁能源的增量,提出燃煤小锅炉淘汰改造后保障天然气和电力供应的意见和建议。

三、浙江省雾霾污染防治司法实践

司法是雾霾污染防治整体格局的重要环节,司法工作的参与能够使雾霾污染防治大格局更为健全和完善,雾霾污染防治大格局中不能缺少司法机关的介入。在实践中,浙江省比较重视雾霾污染防治司法工作,审理了不少雾霾污染防治方面的案件。在“浙江法院公开网”上,以“大气污染”为关键词,可检索到一些民事、行政和刑事案件。

(一)民事案件

截至2015年9月29日,在“浙江法院公开网”的“裁判文书”页面,以“大气污染”为关键词,可检索到民事案件21件。本书对一个重要案例做简要介绍:

1.邵金连诉温岭市横峰正辉鞋底厂环境侵权纠纷案

第一,基本案情。被告正辉鞋底厂于2013年4月7日注册成立,经营范围为鞋底制造、销售。被告生产厂房坐落于原告居住房屋的东北方向,之间有河流阻隔,河宽约20米,被告厂房与原告房屋相距30余米。由于被告对产生的废气未做任何处理就进行排放,直接导致原告吸入该废气,引起身体不适。后原告前往人民医院进行治疗。事件发生后,原告的丈夫曾向温岭市环境保护局反映,最后该局做出了责令其停厂的决定。尽管被告现在已经停止生产,但是原告的生命健康权已经受到侵害。现原告起诉要求被告承担侵权损害赔偿。

第二，判决结果。本案作为环境污染责任纠纷，虽然被告作为废气排放人应当就法律规定的不承担责任或减轻责任的情形及其行为与损害之间不存在因果关系承担举证责任，但不排除原告对其所患病与被告废气排放之间的因果关系承担初步的举证责任，根据原告提供的现有证据，包括病历、检查报告等，均未能显示其肺炎由大气污染引起，故原告应承担相应的举证不能的后果。综上，对于原告的诉讼请求，因证据不足，理由不充分，本院不予支持。依照《最高人民法院关于适用中华人民共和国民事诉讼法的解释》第九十条的规定，判决如下：驳回原告邵金连的诉讼请求。案件受理费 115 元，减半收取 57.50 元，由原告邵金连负担。

第三，典型意义。本案是侵权责任法中环境污染责任纠纷。环境污染侵权责任有三要件构成，一是环境污染行为，二是损害后果，三是环境污染行为和后果之间存在因果关系。当事人对自己提出的诉讼请求所依据的事实或者反驳对方所依据的事实有责任提供证据加以证明。在做出裁判前，未能提供证据或者证据不足以证明当事人的事实主张的，由负有举证责任的当事人承担不利后果。

(二)行政案件

截至 2015 年 9 月 29 日，在“浙江法院公开网”的“裁判文书”页面，以“大气污染”为关键词，可检索到行政案件 38 件。对其中一个重要案例做如下简要介绍：

1. 义乌市黄晓亮、黄荣民环保行政处罚强制执行案

第一，基本案情。2014 年 5 月 30 日，申请执行人接到群众举报，前往义乌市廿三里街道李宅村口垃圾坑。发现被执行人正在该垃圾坑内焚烧五只油漆桶，油漆焚烧产生的废气污染环境，且旁边就是人口聚集区。被执行人的上述行为，违反了《中华人民共和国大气污染防治法》第四十一条第一款之规定。依据《中华人民共和国大气污染防治法》第五十七条第一款之规定，决定对被执行人做出如下处罚：1. 责令停止焚烧垃圾；2. 罚款人民币 16000 元。申

请执行人于 2014 年 9 月 13 日以公告方式向被执行人送达了处罚决定书。被执行人收到处罚决定后,在法定期限内不提起行政诉讼,又不履行。申请执行人于 2015 年 1 月 14 日以公告方式向被执行人送达了履行行政处罚决定催告书,但被执行人仍未在规定期限内履行。为此申请执行人向本院申请强制执行第 2 项行政处罚决定。

第二,裁判结果。经审查,本院认为,申请执行人做出的行政处罚决定认定事实清楚,适用法律正确,执法程序并无不当。因被执行人未自动履行,故依照《中华人民共和国行政诉讼法》第九十七条、《中华人民共和国行政强制法》第五十七条的规定,裁定如下:对申请执行人义乌市环境保护局于 2014 年 8 月 20 日做出的义环罚字〔2014〕第 248 号行政处罚决定书中第 2 项处罚决定,准予强制执行。

第三,典型意义。行政机关合法有效的行政决定应当得到执行,这是维护行政管理秩序和效率所必需的。人民法院对行政机关的强制执行申请经审查认为符合强制执行条件、依法裁定准予强制执行时,对行政决定中适宜由行政机关实施强制执行的部分内容,明确由其组织实施即“裁执分离”,既体现了人民法院对行政机关生效行政决定的司法审查,又有利于行政决定的及时执行。

(三)刑事案件

截至 2015 年 9 月 29 日,在“浙江法院公开网”的“裁判文书”页面,以“大气污染”为关键词,可检索到刑事案件 5 件。环境污染领域中的刑事案件发案率较低主要原因是污染环境行为的入罪门槛比较高。为了解决该问题,2013 年 6 月施行的《最高人民法院、最高人民检察院关于办理环境污染刑事案件适用法律若干问题的解释》对污染环境罪的定罪量刑标准做了明确规定,降低了污染环境行为的入罪门槛,使打击此类犯罪更具可操作性。污染环境犯罪案件的数量少也与环保部门加强对污染环境犯罪案件的查处和移送力度、公安机关进一步加强对环境污染犯罪的打击力度有较大关系。现对其中一个案例做如下简介：

1. 三门县王某和方某污染环境案

第一，基本案情。2014 年 3 月中旬，应朋友黄金国（另案处理）要求，被告人王某物色了三门县浦坝港镇小湾村竹山养殖塘附近一空地用于焚烧垃圾。3 月 18 日前后，黄金国将 20 吨左右电线皮、塑料等工业垃圾倾倒在该空地进行焚烧。几天后，王某联系被告人方某，承诺支付一定的报酬让其同意帮忙焚烧垃圾。后方某数次在夜间帮忙翻动垃圾以加快垃圾焚烧。4 月 5 日前后，黄金国将 10 吨左右工业垃圾运至该空地，王某开铲车将上述垃圾集中予以焚烧。经台州市环境监测中心站检测并经浙江省环境保护厅认可，焚烧现场苯并(a)芘指标测得浓度 0.894$\mu g/m^3$ 超出《大气污染物综合排放标准》(gb16297－1996)表 2 中的无组织排放监控浓度限值 0.008$\mu g/m^3$。《中华人民共和国标准—危险废物鉴别标准、毒性物质含量鉴别》规定，苯并(a)芘系致突变性物质，属有毒物质。2014 年 4 月 9 日因本案被三门县公安局行政拘留 12 日，4 月 17 日转刑事拘留，同年 5 月 19 日经三门县人民检察院批准被逮捕，羁押于三门县看守所。浙江省三门县人民检察院以三检刑诉〔2014〕1161 号起诉书指控被告人王某、方某犯污染环境罪，于 2014 年 7 月 9 日向浙江省三门县人民法院提起公诉。

第二，裁判结果。浙江省三门县人民法院认为，被告人王某、方某违反国家规定，焚烧工业垃圾，产生有害物质，直接排放大气，严重污染环境，二被告人的行为均已构成污染环境罪，公诉机关指控的罪名成立；被告人王某在共同犯罪中起主要作用，应按照其所参与的全部犯罪处罚；被告人方某应被告人王某要求帮忙于夜间翻动垃圾以加快垃圾焚烧，其在共同犯罪中起辅助作用，应认定为从犯，依法予以从轻处罚；二被告人如实供述犯罪事实，依法予以从轻处罚。最后浙江省三门县人民法院依照《中华人民共和国刑法》第三百三十八条、第二十五条第一款、第二十六条第一款和第四款、第二十七条第一款和第二款、第六十七条第三款之规定，做出如下判决：一、被告人王某犯污染环境罪，判处有期徒刑一年二个月,并处罚金人民币七万元。(刑期从判决执行之日起计算。判决执行之前先行羁押的,羁押一日折抵刑期一日,即自2014年4月17日起至2015年6月8日止。)二、被告人方某犯污染环境罪,判处有期徒刑六个月,并处罚金人民币三万元。(刑期从判决执行之日起计算。判决执行之前先行羁押的,羁押一日折抵刑期一日,即自2014年9月25日起至2015年2月13日止。)罚金限判决生效后一个月内向浙江省三门县人民法院缴纳。

第三,典型意义。《中华人民共和国大气污染防治法》(2000年修正)第二章第十三条规定,向大气排放污染物的,其污染物排放浓度不得超过国家和地方规定的排放标准。此案中的王某露天焚烧工业垃圾,未向当地环境保护行政主管部门申报应具备的污染物设施、处理设施和在正常作业条件下排放污染物的种类、数量、浓度,采取非法手段恶意向空气大量排放国家禁止的有毒有害气体污染物,严重破坏了大气环境,损害了周边群众身体健康,最终受到法律制裁。任何单位和个人都有保护大气环境的义务,从事类似活动一定要依法依规,切勿以身试法,并有权对污染大气环境的单位和个人进行检举和控告。

第三章　金山银山："山绿战略"之环境法治保障

浙江省素有"七山一水二分田"之称。党的十八大以来，习近平总书记发表了一系列关于生态文明建设的重要讲话，指出建设生态文明是关系人民福祉、关乎民族未来的大计；绿水青山就是金山银山；山水林田湖是一个生命共同体，人的命脉在田，田的命脉在水，水的命脉在山，山的命脉在土，土的命脉在树。浙江省省委领导多次强调，森林是人类永恒的朋友，林业部门要以更大的决心、更大的力度，广泛开展植树造林，打造生态宜居环境，推动发展方式转变、生活方式改变和文明理念升华，为子孙后代留下山青、水秀、天蓝、地绿的美好家园。这些重要论述既是建设生态文明和美丽浙江的基本理论，更是加快林业发展的根本指针，赋予了林业前所未有的历史使命。经过多年的持续努力，浙江省林业建设取得了很大成就，森林覆盖率、林业行业总产值等位居全国前列，林业对农民增收的贡献率达21.3%。但森林资源质量小高，分布小均，林业产业效益偏低转型困难，资源保护压力增加难度加大的问题更加突出，这些都将持续影响浙江省现代林业的长远发展。

第一节　浙江森林资源保护现状

森林是陆地生态系统的主体，是自然界中结构最复杂、群落最稳定、生物多样性最丰富、生态功能最强的生态系统，在维持生态平衡、保护生物多样性、保障水资源安全、应对气候变化、促进经济社会发展等方面具有不可替代的作用。2013年，浙江省开展了森林资源年度监测，并对全省生态功能价值进行评估。与上一年相比,森林覆盖率上升0.07个百分点,森林面积增加0.72万公顷,森林蓄积增加1277.60万立方米,森林生态功能价值增加313.58亿元。总体上,浙江森林正由“数量持续增加”向“数量增加、质量提高与结构改善并进”的方向发展。为使社会各界更好地了解我省的森林资源状况及其功能价值,共同为推进生态文明、建设“两美”浙江,全面实施“五年绿化平原水乡、十年建成森林浙江”目标而贡献力量,主要结果概括如下。[①]

一、森林资源综述

根据2013年浙江省森林资源年度监测:全省林地面积660.31万公顷,其中森林面积604.78万公顷;活立木蓄积2.96亿立方米,其中森林蓄积2.65亿立方米;毛竹总株数26.13亿株。全省乔木林(不含乔木经济林)单位面积蓄积量63.68立方米/公顷,其中:天然乔木林60.12立方米/公顷,人工乔木林73.63立方米/公顷。乔木林分平均郁闭度0.59。毛竹林每公顷立竹量3141株。全省活立木蓄积总生长量与总消耗量之比为2.21∶1,活立木蓄积量继续呈现生长大于消耗的趋势。全省森林覆盖率59.41%,一般灌木林覆盖率1.48%;若按浙江省以往同比计算口径,则森林覆盖率为60.89%,继续位居全国前列。

二、林地面积

全省林地面积660.31万公顷,其中:森林604.78万公顷,疏林地2.39万公顷,一般灌木林地15.08万公顷,未成林地10.53万公顷,苗圃地4.31万公顷,无立木林地8.61万公顷,宜林地13.89万公顷。全省604.78万公顷森林面积中,乔木林416.15万公顷,经济林100.53万公顷,竹林88.10万公顷(浙江省林地各地类比例见图3-1)。

① 《浙江省森林资源及其生态功能价值公告》。

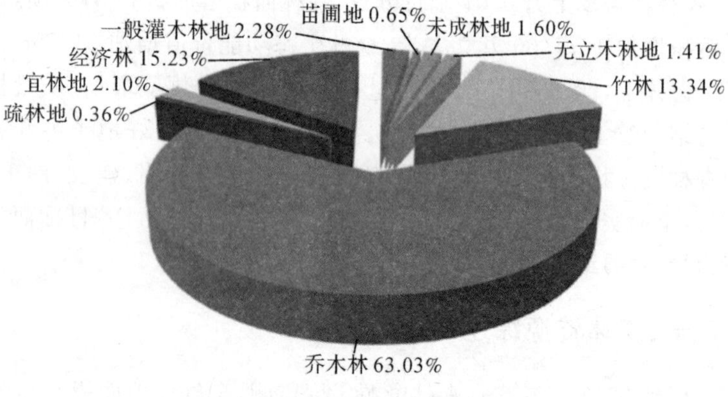

图 3-1　浙江省林地各地类比例

三、活立木蓄积

全省活立木蓄积 29590.60 万立方米,其中:森林蓄积 26499.15 万立方米,疏林蓄积 27.96 万立方米,散生木蓄积 2001.89 万立方米,四旁树蓄积 1061.60 万立方米。活立木蓄积按组成树种分:松木类 8156.87 万立方米,杉木类 8121.39 万立方米,阔叶树类 11545.85 万立方米,经济树种类 1086.97 万立方米,灌木树种类 679.52 万立方米(浙江省活立木各组成树种蓄积比例见图 3-2)。

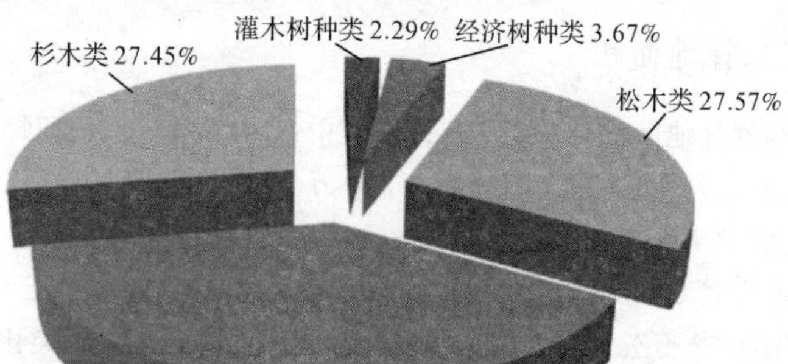

图 3-2　浙江省活立木各组成树种蓄积比例

四、森林资源结构

防护林面积241.24万公顷,蓄积13314.10万立方米;特用林面积16.30万公顷,蓄积1634.98万立方米;用材林面积246.71万公顷,蓄积11550.07万立方米;经济林面积100.53万公顷。幼龄林面积166.09万公顷,蓄积6560.01万立方米;中龄林面积130.16万公顷,蓄积9011.36万立方米;近熟林面积73.14万公顷,蓄积6233.18万立方米;成、过熟林面积46.76万公顷,蓄积4694.60万立方米。乔木林中,幼龄林、中龄林面积比重逐年略降,但二者合计的面积、蓄积分别占总数的71.19%和58.77%,说明全省乔木林仍然以幼龄林和中龄林为主体。针叶林面积186.04万公顷,蓄积13298.47万立方米;阔叶林面积161.86万公顷,蓄积9041.99万立方米;针阔混交林面积68.25万公顷,蓄积4158.69万立方米。全省阔叶林、针阔混交林面积呈逐年增长态势,目前仍是针叶林占相对优势。

五、天然林与人工林资源

全省天然林面积353.92万公顷,占森林面积的58.52%;天然林蓄积18427.08万立方米,占森林蓄积的69.54%。全省人工林面积250.86万公顷,占森林面积的41.48%;人工林蓄积8072.07万立方米,占森林蓄积的30.46%。

六、经济林与竹林资源

全省经济林面积100.53万公顷,占森林面积的15.23%。茶叶、柑橘、油茶、板栗、杨梅、蚕桑、山核桃七大经济树种,合计占经济林面积的85%。全省竹林面积88.10万公顷,占森林面积的14.57%。其中:毛竹林76.60万公顷,杂竹林11.50万公顷。全省毛竹总株数261329万株,毛竹林每公顷立竹量3141株,当年生新竹占毛竹总株数的16.39%。

七、森林生物量与碳储量

浙江省森林植被总生物量43278.13万吨。其中:乔木林群落34147.28万吨,竹林群落4663.53万吨,灌木林群落1531.04万吨,其他类型289.04万吨,散生木四旁树(竹)2647.24万吨。全省森林植被总碳储量21430.73万吨。其中:乔木林群落16863.19万吨,竹林群落2345.45万吨,灌木林群落758.60万吨,其他类型139.43万吨,散生木四旁树(竹)1324.06万吨。

八、森林生态状况

乔木林中,完整结构面积占59.41%;较完整结构面积占39.96%;简单结构面积占0.63%。自然度为Ⅲ级及其以上的森林面积占5.50%,Ⅳ级的森林面积占53.20%;Ⅴ级的森林面积占41.48%。总体而言,由于人为活动的长期影响,全省森林自然度等级较高的面积偏少。全省森林健康等级达到健康的面积比例为95.36%,健康等级为亚健康、中健康、不健康的面积比例分别为3.96%、0.48%和0.20%。达到健康等级的森林面积居于绝对优势地位。无林木受害或受害比例在10%以下的森林面积占96.99%;遭受了不同程度森林灾害的面积占3.01%,比2012年减少3.03万公顷。其中灾害等级达到轻度、中度和重度的受害面积占森林面积的比例分别为1.98%、0.79%和0.24%。从受害森林面积的各灾害类型看,森林病虫害占50.00%,森林火灾占7.90%,雪压、风折(倒)等气候性灾害占42.10%。全省森林面积中,森林生态功能好、中、差三个等级的面积所占比例分别为0.87%、83.96%和15.17%。全省森林生态功能指数为0.4955,比2012年提高0.0047。

九、森林生态服务功能价值

森林作为陆地生态系统的主体,是陆地上最大的可再生资源库、生物基因库和生物质能源库。不但为人类提供木材、药材、食品和能源等多种物质产品,同时也是陆地上最大的"储碳库"和最经济的吸碳器。2013年全省森林吸收二氧化碳5833.52万吨,释放氧气4258.82万吨。在涵养水源、保持水土、提供休闲旅游等方面也发挥了巨大的生态服务功能。

十、森林资源动态变化

全省林地面积为660.31万公顷,比2012年减少了0.96万公顷。与2009年国家监测年相比减少0.43万公顷,林地面积稳中略减。森林覆盖率稳中略升,全省森林面积604.78万公顷,比2012年增加了0.72万公顷,森林覆盖率比2012年上升0.07个百分点。森林面积中,乔木林面积基本稳定,竹林面积呈增长态势,经济林面积由于土地整理以及桑园、柑橘比较效益较差等因素总体呈减少趋势。与2009年国家监测年相比,森林面积增加3.42万公顷,森林覆盖率上升0.34个百分点(浙江省林地主要地类面积动态变化见表3-1)。

表3-1 林地主要地类面积动态变化表

指标	林地(万 hm^2)	森林(万 hm^2)	乔木林(万 hm^2)	竹林(万 hm^2)	经济林(万 hm^2)	一般灌木林(万 hm^2)	森林覆盖率(%)	一般灌木林覆盖率(%)
2009年	660.74	601.36	410.07	83.34	107.95	15.34	59.07	1.51
2012年	661.27	604.06	416.15	86.43	101.48	15.08	59.34	1.48
2013年	660.31	604.78	416.15	88.10	100.53	15.08	59.41	1.48
2009—2013年均增量	−0.11	0.85	1.52	1.19	−1.86	−0.06	0.08	−0.01
2012—2013年增量	−0.96	0.72	0	1.67	−0.95	0	0.07	0

活立木蓄积和毛竹株数稳步增加。2013年活立木蓄积量比2012年增加1365.77万立方米,比2009年增加5365.67万立方米;毛竹株数比2012年增加17181万株,比2009年增加58998万

株。活立木蓄积和毛竹株数处于稳步增长态势(浙江省各类蓄积与毛竹株数动态变化情况见表 3-2)。

表 3-2 浙江省各类蓄积与毛竹株数动态变化情况

指标	活立木蓄积(万 m^3)	森林蓄积(万 m^3)	疏林蓄积(万 m^3)	散生蓄积(万 m^3)	四旁蓄积(万 m^3)	毛竹株数(万株)
2009 年	24224.93	21679.75	46.07	1697.85	801.26	202331
2012 年	28224.83	25221.55	32.73	1963.21	1007.34	244148
2013 年	29590.60	26499.15	27.96	2001.89	1061.60	261329
2009—2013 年均增量	1341.42	1204.85	−4.53	76.01	65.09	14750
2012—2013 年增量	1365.77	1277.60	−4.77	38.68	54.26	17181

与 2012 年相比,乔木林单位面积蓄积量增加了 3.07 立方米/公顷;乔木林郁闭度增加 0.01;幼中龄林的比重下降而近成过熟林的比重上升,阔叶林、针阔混交林面积之和占乔木林的比例由 53%上升到 55%,龄组结构、树种结构朝着逐渐合理分布的可持续经营方向发展。

绿化造林成效主要体现在两个方面:一是平原绿化方面,2009 年以前我省的四旁蓄积基本上稳定在 700 万立方米左右,2009 年以来,在各级政府高度重视下,平原绿化工作取得积极成效,2013 年四旁蓄积达到 1061.60 万立方米,与 2012 年相比,四旁蓄积年增幅为 5.39%,该增幅与前几年相比有下降趋势,但仍高于活立木蓄积的增幅。二是山地营造林方面,2009 年以来,宜林地、无立木林地面积减少了 7.67 万公顷,幅度达 25%,在林地面积趋减态势下,对森林覆盖率的提高发挥了重要作用。

综上所述,浙江省森林资源蓄积量、质量指标均有一定幅度的增长,龄组结构、树种结构逐步趋向合理,森林生态状况进一步得到改善,森林生态服务功能得到进一步发挥,浙江森林正由“数量持续增加"向"数量增加、质量提高与结构改善并进"的方向发展。

第二节　浙江森林资源保护问题之成因及核心问题

森林资源保护与区域经济协调发展是一项复杂的系统工程，我国森林资源保护的推进，在生态、经济与社会等方面产生了综合影响，而这些影响主要体现在利益相关者[①]方面，进而产生了一些矛盾和冲突，势必影响森林资源的有效保护，利益相关者多方参与对森林资源保护与区域经济协调发展是非常重要的，因此，必须认真地分析矛盾及其产生原因，有效地解决和处理好这些冲突，只有这样，才能真正实现我国森林资源保护与区域经济协调发展。

一、森林资源保护和政府、林业企业、乡村集体的矛盾

政府，包括中央政府和地方政府，由于森林资源保护的实施，双方在生态效益方面都受益，但从受损角度分析，二者都付出了较大的代价，从而产生了一些矛盾，中央政府一方面投入了大量的资金，承担了森林资源保护的大部分显性成本，包括：植树造林成本、退耕还林的粮食补贴、医疗教育补贴以及人工成本、森林管护成本等；另一方面还承担了地方政府的大部分财政损失，通过财政转移形式加以解决，还面临着潜在的就业压力。而地方政府则面临着更多的具体压力和困难，包括下岗分流的就业压力和社会保障统筹，承担了部分财政损失，失去收入来源的农民生计安排，解决相关乡镇村收入减少的经济困境。就林业企业而言，由于得到部分管护资金，增加了部分职工的经济收入。但是，林业企业主要承担了大部分的隐性成本，也面临着减产、债务负担沉重、设备闲置、效益低下、职工下岗、经济困难等困境。就乡村集体而言，得到了少

① 利益相关者包括确定的利益相关者、预期的利益相关者、潜在的利益相关者。本文研究主要利益相关者，它包括国有林区（林业企业，林业职工）、集体林区（乡村集体、农民）、政府（国家、地方）。

量的管护费用，但是乡镇集体长期依赖木材采伐获取育林基金维持财政支出，失去集体收入主要来源，致使乡村公益事业建设陷入困境。

二、森林资源保护和林业职工、山区林农生产生活之间的矛盾

林业职工、山区林农等森林经营者长期以来过分依赖于森林，林业职工依靠从事木材采运加工获得就业机会和工资收入。广大山区林农林业经营和木材生产是赖以生存的主要收入来源。森林保护实施后，木材采伐量急剧下降，一方面，切断了森林经营者从事木材产业的收入来源，森林经营者经济收入减少，生活待遇逐步下降，影响了经营者的生产和生活。另一方面，由于没有配套政策措施发展替代产业、吸纳和安排富余职工和农村剩余劳力，对森林经营者产生了重大的影响。使社会经济发展和人民生产生活陷入困境，加上森林保护资金不到位，资金来源无保障，森林经营者依赖性极强，观念相对保守，任何问题都指望国家来解决，造成与森林资源保护之间形成显著的矛盾。

三、森林资源保护与林区干部、群众思想观念之间的矛盾

在一些林区，由于长期处在国家保护和计划体制之下，无论是干部，还是群众，都很难适应森林资源保护力度的变化，致使森林资源保护与林区干部、群众观念之间形成矛盾。而这些矛盾和不适应性正是产生不协调的源泉。林区干部和群众在思想上对存在问题的解决途径大多寄希望于政府和社会，尤其是中央政府，在投入、资源开发、住房、改制等方面对政府寄予厚望。因为长期以来他们的生产方式单一，生存能力不高，森林资源保护的提出和力度的加大截断了他们的财源，他们不知道如何生存，如何寻找新的收入来源渠道，面对他们的生产和生活的巨大变化，他们没有心理和能力方面的准备，只能寄希望于政府。同时，林区长期以来由政府

计划包揽,习惯于按照政府计划进行工作,干部缺乏开拓理念和风险意识,大多认为不能由企业来挑起这一沉重的负担,并且将林业职工劳务输出和移民等方面同样寄希望于政府解决。他们认为为国家保护好森林资源,国家就应解决好他们的收入来源问题,所以森林资源保护与区域经济协调发展的关键在于观念的更新和人的素质的提高。

二、浙江省森林资源保护之核心问题

(一)《森林法》规定的不足

《森林法》作为国家组织、领导、管理林业的有力工具,其目的是推广立法,加快国土绿化,改变我国森林资源贫乏和林业不发达的状况,运用法律手段来保护森林,发展林业。它对我国森林生态保护起着十分重要的作用。但随着社会经济的发展,它也明显出现一些不相适宜的地方。首先是《森林法》的立法宗旨,依据我国的立法传统,环境法与自然资源保护法规被视为是两个法律部门,而森林法通常归入到自然资源保护法中。虽然 2009 年修改后的《森林法》建立了森林生态效益补偿基金制度。但在《森林法》第一条关于森林法宗旨的阐述中,却未从生态概念的高度强调森林资源是整个生态系统的组成部分,而仅仅规定森林法的宗旨为保护环境和提供林产品以适应经济建设和生活需要。这一规定虽然在形式上抛弃了资源经济本位的指导思想,但也存在一些不足。其次是对森林的保护手段上,修改后的《森林法》在森林资源保护手段上,较之前有了很大的突破。例如,允许将特定的森林、林木和林地使用权依法转让和依法作价入股或者作为合资、合作条件。但从整体上看,森林法对森林的资产属性还不够重视。我国的森林资源保护措施主要包括植树造林、限额采伐、林业基金、封山育林、群众护林、防治森林火灾和森林病虫害、建立森林生态效益补偿基金、出口管制、征收森林植被恢复费,以及对集体和个人造林育林进行经济支持,等等,总体上表现为一种管制型的立法,更多习惯于行政许可、行政命令和行政罚款等手段，如采伐许可证制度。①

(二)执法措施不严

我国森林资源保护法律体系正在逐步建立和完善，林业执法体系的建设也有了较快的发展，林政、林业公安木材检查、森林检疫等林业执法机构陆续在全国范围建立起来，对于贯彻立法精神、执行法律规范、打击违反森林法规的犯罪起到了积极的作用。我国林业行政执法现有多个执法机构分别是：乡镇林业站，木材检查站，森林公安派出所，林政稽查大队，野生动植物保护站，种苗站管理及森林植物检疫。为了统一组织、协调林业行政执法工作，各级林业主管部门县林业局设立了资源林政管理(司、处、科、股)、野生动植物保护(司、处、科、股)、森林公安局(分局、派出所)。所有行政执法人员，按照《中华人民共和国森林法》和《中华人民共和国野生动物保护法》《中华人民共和国种子法》《森林法实施条例》《野生植物保护条例》和各级地方法规。对乱砍滥伐林木、乱收滥购木材、乱征滥占林地、乱捕滥猎野生动物、非法运输木材、无证经营加工木材等破坏森林资源的违法行为依法进行查处，并兼顾森林动植物检疫和濒危物种保护等工作。2004 年 9 月，国家林业局全面启动了“林业综合行政执法”的改革，林业部门下设的多个行政执法机构被合并：仅 2005 年上半年，全国共查处各类违法案件 20.1 万起，收缴木材 31.97 万立方米，挽回经济损失 22877.77 万元，行政处罚 21.23 万人次。但当前林业执法体系的建设和发展明显落后于实际需要，法律规范的要求和实际达到的执法水平有较大的差异，林政执法力量还很薄弱，执法人员有相当一部分分布在地区级林业行政机构，执法人员数量严重短缺。林业执法任务异常繁重，林业执法任务与林政执法资源的配置不协调。森林法规定的

① 张才琴：《论森林资源保护的现代法制》，中国言实出版社 2014 年版，第 124 页。

林政管理任务很多,如林地管理、采伐限额管理、木材流通管理以及林区治安等,但没有就执法所需要的社会执法资源合理配置进行规范,致使林业执法所需的人财物等资源缺乏法律保障。林业执法力量建设的财政支持系统不健全。大部分林区地方财政紧张,许多地方林业行政执法维持经费没有固定的财政来源,林业部门依靠罚款维持开支,在一定程度上助长以罚代收等不当执法现象的产生。

另外,行政执法调查取证难。有的行政案件,如毁林烧炭、非法收购、销售木材等,由于证据不易保存或当事人不予配合等,取证工作难度较大。二是执行难,由于林业执法针对的大多数是农民,案件调查后很难依法落实处罚。三是干预执法多,随着我国改革的力度加大,特别是西部大开发后,国家对西部的建设投资逐步增加,各项建设工程增多。乱砍滥伐林木、乱征滥占林地案件也随之增加,但由于工程建设大多属于政府行为或国家建设行为,干预执法也随之增多,致使很多案件难以查处和执行。四是多头执法问题客观存在,由于行政执法经费及执法人员工资等因素,不少单位和执法人员为了谋取单位和个人利益,出现了对某一案件你查我也查的现象。五是执法人员素质参差不齐,部分执法人员既搞营林,又搞项目,林政执法属于兼职,所以,案件质量不能提高,不能体现法律的严肃性。六是部门与部门之间发生执法冲突。七是现有执法部门既是执法者,又是执法监督者,既当裁判员,又当运动员,使执法监督成为走形式。

林业行政执法监督工作机构不健全,力量不足。很难发挥执法监督作用,使监督职能削弱,流于形式,不符合执法监督的要求,也难以起到真正的监督作用。上级林业行政执法机关对下级林业行政执法机关和林业行政执法人员,各级林业行政执法机关对本级内部执法机构和执法人员的行政执法监督活动,目前还缺乏一套快捷的案件报告制度、完善的监督管理机制和规范的责任追究制度。林业行政方面的工作由于一些林业的重大案件的信息不灵等原因,往往会出现许多被动的情况。森林资源保护普法工作还停留在表面上,形式单一,效果不大,走走形式。部分地方的林业普法仅涉及一些林业内部的干部职工,而对林业行业外的干部群众则少有涉及。有的普法宣传内容单调,缺乏应有的灵活性,仅局限于一些林业法律法规,而没有涉及其他一些相关的内容。使普法对象只了解和掌握一些大的条款条规,而对实际操作中需要掌握的更具体更多方面的条款不去宣传和组织学习,无法取得实际效果。①

第三节　法律释疑:重要法律法规及条款

一、主要法律文件

自新中国成立以来到目前为止的六十多年来,我国的法律体系不断健全,社会法制程度也不断提高,森林资源保护立法体系基本成型。概括起来,主要包括《环境保护法》《森林法》《森林法实施条例》《森林资源档案管理办法》《林业行政处罚程序规定》《森林防火条例》《森林法实施细则》《制定年森林采伐限额暂行规定》《森林病虫害防治条例》《森林采伐更新办法》《退耕还林条例》《关于开展全民义务植树运动的实施办法》《林地管理暂行办法》《城市绿化条例》《林业行政执法监督办法》《草原法》《物权法》《野生动物保护法》《野生植物保护条例》《陆地野生动物保护实施条例》《防风治沙法》《农村土地承包法》《行政处罚法》《植物检疫条例》《种子法》等法律、20 多个行政法规、50 多个部门规章及 300 多个地方性法规、规章与管理条例。这些法律行政法规,形成一个统一整体,基本上覆盖了我国关于森林资源的所有方面,在我国的森林资源保护、林业经营与管理、森林木材采伐、违法行为的相关惩罚制度等方面都做了具体的规定,相互之间协调统一、促进支持、门类齐全且功能

① 张才琴:《论森林资源保护的现代法制》,中国言实出版社 2014 年版,第 129—130 页。

完备,对我国森林资源的保护起到了巨大作用。

二、主要法律条款

在可作为浙江省森林资源保护法律依据的主要法律文件中,《中华人民共和国森林法》(1998)是最重要的法律文件。该法的主要法律条款有如下:

(一)第三条

1. 条文内容

第三条规定:“森林资源属于国家所有,由法律规定属于集体所有的除外。国家所有的和集体所有的森林、林木和林地,个人所有的林木和使用的林地,由县级以上人民政府登记造册,发放证书,确认所有权或者使用权。国务院可以授权国务院林业主管部门,对国务院确定的国家所有的重点林区的森林、林木和林地登记造册,发放证书,并通知有关地方人民政府。森林、林木、林地的所有者和使用者的合法权益,受法律保护,任何单位和个人不得侵犯。”

2. 条文解读

按照本条的规定,森林、林木、林地的权属有三种形式:一是国家所有权;二是集体所有权;三是个人的林木所有权和林地使用权。在我国,土地不可以由个人所有,所以个人只能拥有林地的使用权,而不能有林地的所有权。本条规定县级以上人民政府对森林、林木和林地的所有权或者使用权进行登记造册,核发证书,即通常所称的林权证。林木和林地的产权如果不明确,将带来开发和保护森林资源的一系列社会问题。在经济新常态的大背景下,明确产权显得更为重要。森林法为了保护森林、林木、林地的所有者和使用者的合法权益,提供了多种行政的和司法的救济手段。

(二)第七条

1. 条文内容

第七条规定:“国家保护林农的合法权益,依法减轻林农的负担,禁止向林农违法收费、罚款,禁止向林农进行摊派和强制集资。国家保护承包造林的集体和个人的合法权益,任何单位和个人不得侵犯承包造林的集体和个人依法享有的林木所有权和其他合法权益。”

2.条文解读

一、保护农民的合法权益不受侵犯,是我们党和国家的一贯政策,也是我国法律一直坚持的原则之一。二、保护林农及承包造林的集体和个人的合法权益,直接关系到林农和承包造林的集体和个人的生产积极性,而且也关系到保护森林资源及林业生产持续、稳定、协调发展和国家的长治久安。几年来,由于一些地方和部门不顾林农的承受能力,从局部利益出发,随意向林农收费、罚款、摊派和强制集资,加重了林农的负担,严重挫伤了林农造林的积极性,伤害了林农的感情,严重影响了党与群众的关系,引起广大林农的强烈不满。有的林农被迫上访告状,甚至被逼无奈走上绝路。林农负担加重已成为制约森林资源保护的重要因素。

(三)第八条

1.条文内容

第八条规定:“国家对森林资源实行以下保护性措施:(一)对森林实行限额采伐,鼓励植树造林、封山育林,扩大森林覆盖面积;(二)根据国家和地方人民政府有关规定,对集体和个人造林、育林给予经济扶持或者长期贷款;(三)提倡木材综合利用和节约使用木材,鼓励开发、利用木材代用品;(四)征收育林费,专门用于造林育林;(五)煤炭、造纸等部门,按照煤炭和木浆纸张等产品的产量提取一定数额的资金,专门用于营造坑木、造纸等用材林;(六)建立林业基金制度。”

2.条文解读

本条是对森林资源实行保护性措施及建立森林生态效益补偿基金的规定。森林是国家的宝贵资源,它不但能提供木材和其他林产品,而且具有涵养水源、防风固沙、保持水土、调节气候、改善环境和防治空气污染等多种社会效益。因此,保护森林就是保护我们人类自己。在人类的历史发展过程当中,森林是人类的养育者,人类离不开森林,二者互相依存,缺一不可。从法律上规定对森林资源实行保护性措施,对于保护森林资源以及促进林业的发展,具有十分重大的现实意义和深远的历史意义。

防护林和特种用途林,大都属于生态公益林。我国生态公益林建设取得了很大的成绩。但这些森林资源只有生态和社会效益,主要是为了保持水土、涵养水源、调节气候、美化环境等服务,无法进行市场交换,造林营林的投入无法通过市场交换得到回收和补偿,如果国家对经营这部分森林资源再没有补偿,就会产生“少数人投入,全社会受益”“相对贫困地区投资,相对富裕地区受益”的不合理现象。森林生态效益补偿基金是一项服务社会、受益全民的公益事业;是提高生态环境效能,转变经济增长方式,提高人民生活质量,实现国民经济可持续发展的重要基础。用法律的形式确定在全国范围内建立森林生态效益补偿基金制度,是我国在社会主义市场经济条件下,实现经济建设与环境保护协调发展的一项决策。由于生态公益林不能砍伐利用,其建设和经营需要国家财政支持,在财政困难的情况下,生态林建设经营者无经营收入,又得不到经济补偿有关的林场、自然保护区管理机构普遍处于经营困境。因此,有必要建立生态效益补偿基金制度解决这一问题。生态公益林的生产经营者的劳动成果服务于全社会,其损失补偿应由政府负责统筹,建立森林生态效益补偿基金,补偿生产经营者,取之于民、用之于民。

(四)第十五条

1. 条文内容

第十五条规定:下列森林、林木、林地使用权可以依法转让,也可以依法作价入股或者作为合资、合作造林、经营林木的出资、合作条件,但不得将林地改为非林地:(一)用材林、经济林、薪炭林;(二)用材林、经济林、薪炭林的林地使用权;(三)用材林、经济林、薪炭林的采伐迹地、火烧迹地的林地使用权；(四)国务院规定的其他森林、林木和其他林地使用权。

2.条文解读

随着我国社会主义市场经济体制的建立和林业改革的深入，森林、林木、林地使用权作为生产要素进入市场流转已是大势所趋，森林、林木和宜林荒山、荒地的有偿流转已在全国开展起来。例如，我国许多地方的农村集体经济组织和承包山林的农民个人将其经营的森林、林木或者林地使用权作价入股，联合经营，还有一些地方面向社会各界将宜林荒山、荒地使用权以拍卖等方式交由个人、单位造林、营林，有的地方将林地使用权以出租形式吸引外商投资，营造速生的用材林。这些在实践中产生的新的营林方式，既有利于对森林的规模经营，也调动了社会各界造林的积极性，吸引了大量的社会资金，丰富了林业经营方式。实践证明，森林资源有偿流转对适应新的形势，促进林业发展具有现实意义。第一，有利于调动林业生产者的积极性。由于林业生产周期长，经营风险大，在市场经济条件的影响下，林业生产“长而险”与商品意识“短而实”的矛盾愈显突出。对一部分森林资源实行有偿转让，可以使林业生产经营“变长为短”，林业生产者造林、育林的成果可以随时通过市场实现其价值，森林经营周期长的风险可以得到分解，这对解决造林资金短缺，增加林业生产者近期收效将起到一定作用。第二，有利于加快林业规模经营、集约经营的发展。一方面，可以促进林业生产要素之间的合理组合，使森林向资金、技术等条件好的单位或个人转移，以带来林业建设投入的增加，有利于发展定向培育的速生丰产林基地。另一方面，可以使部分乡村集体林业再生产资金困难问题得以解决。第三，将森林、林木或林地使用权作价入股，或者作为合资、合作条件设立经营林业的中外合作、合资企业，有利于吸引国内外的资金，用于林业生产和经营，发展林业。由于森林资源有偿流转的实践发展很快，一些地方已经着手制定了有关地方性法规对其进行规范。但是，实践中也产生一些问题，关键就是对森林资源有偿流转缺乏全面和统一的规范，对森林资源有偿流转的管理措施滞后。总之,森林资源有偿流转的实践和面临的形势迫切要求有统一的法律规范。

(五)第十九条

1.条文内容

第十九条规定:地方各级人民政府应当组织有关部门建立护林组织,负责护林工作;根据实际需要在大面积林区增加护林设施,加强森林保护;督促有林的和林区的基层单位,订立护林公约,组织群众护林,划定护林责任区,配备专职或者兼职护林员。护林员可以由县级或者乡级人民政府委任。护林员的主要职责是:巡护森林,制止破坏森林资源的行为。对造成森林资源破坏的,护林员有权要求当地有关部门处理。

2.条文解读

保护森林是一项社会性非常强的工作;需要调动社会各方面的力量,因此,各级人民政府应当做好保护森林的各项工作。建立健全护林组织机构,可以使护林工作有可靠的组织保证。在大面积林区,各级人民政府应当组织和督促有关主管部门增加护林设施,以加强森林保护。订立护林公约,可以发动群众参加护林,也可以结合林业生产责任制,划定护林责任区,并且配备专职或者兼职护林员,从而有效地保护森林。

(六)第二十一条

1.条文内容

第二十一条规定:地方各级人民政府应当切实做好森林火灾的预防和扑救工作:(一)规定森林防火期,在森林防火期内,禁止在林区野外用火;因特殊情况需要用火的,必须经过县级人民政府或者县级人民政府授权的机关批准;(二)在林区设置防火设施;(三)发生森林火灾,必须立即组织当地军民和有关部门扑救;(四)扑救森林火灾负伤、致残、牺牲的,国家职工由所在单位给予医疗、抚恤;非国家职工由起火单位按照国务院有关主管部门的规定给予医疗、抚恤,起火单位对起火没有责任或者确实无力负担的,由当地人民政府给予医疗、抚恤。

2. 条文解读

所谓森林防火，是指对森林、林木火灾的预防和扑救。森林火灾对森林资源的危害极大，据统计，从表面上看1949年到1990年，我国平均每年发生森林火灾有15000多次，受害面积年均90多万公顷，火灾发生率为11.1次，平均每年森林火灾受害率（火灾受害面积与全国森林面积的千分比）为7.06%。我国是世界上森林火灾多发的国家之一。由于森林火灾能在短时间内破坏大面积的森林，造成严重的财产损失和人身伤亡，因此，森林火灾的预防和扑救要引起各级人民政府的重视，采取有效措施，强化对生产用火、生活用火以及其他非生产用火活动的管理，尽可能减少森林火灾发生，所以规定对森林火灾的预防和扑救需要做哪些方面的工作是十分必要的。地方各级人民政府应当切实做好森林火灾的预防和扑救工作。这是法律赋予地方各级人民政府的一项职责。森林防火是一项群众性、社会性很强的工作，涉及面广，特别是扑救重大森林火灾，需要调动部队、铁路、交通、民航、邮电、气象、民政、公安、商业、粮食、物资、卫生等多方面的力量。森林防火工作仅靠一个部门是难以完成的，必须由当地人民政府统一领导、统一组织、统一指挥才能做好这项工作，所以，森林法明确规定“地方各级人民政府应当切实做好森林火灾的预防和扑救工作”。在国务院发布的《森林防火条例》中还进一步规定“森林防火工作实行各级人民政府行政领导责任制”。

（七）第二十二条

1. 条文内容

第二十二条规定：林业主管部门负责规定林木种苗的检疫对象，划定疫区和保护区，对林木种苗进行检疫。

2. 条文解读

森林病虫害是森林又一大自然灾害，被称为“不冒烟的森林火灾”。我国森林病虫害日趋严重，森林病虫种类多，发生面积大，损失严重。防治森林病虫害是保护森林的重要措施。根据本法和国务院1989年12月18日发布的《森林病虫害防治条例》的规定,森林病虫害防治工作实行“预防为主,综合治理”的方针。森林经营单位和个人要在经营活动中加强检疫和防治工作,即植树造林应当适地适树,提倡营造混交林,合理搭配树种,依照国家规定选用林木良种,造林设计方案必须有森林病虫害防治措施;严禁使用带有危险性病虫害的林木种苗进行育苗或者造林等。各级人民政府林业主管部门应当有计划地组织建立无检疫对象的林木种苗基地。林业主管部门负责规定林木种苗的检疫对象,划定疫区和保护区,对林木种苗进行检疫。并当对经常发生森林病虫害的地区,实施以营林措施为主,生物、化学和物理防治相结合的治理措施,逐步改变森林生态环境,提高森林抗御自然灾害的能力。做好森林病虫害预测预报工作以及建设必要的森林病虫害防治设施。

(八)第二十三条

1.条文内容

第二十三条规定:禁止毁林开垦和毁林采石、采砂、采土以及其他毁林行为。禁止在幼林地和特种用途林内砍柴、放牧。进入森林和森林边缘地区的人员,不得擅自移动或者损坏为林业服务的标志。

2.条文解读

在本条中,所谓人为破坏森林资源的行为,其内涵则有一定的限制性,即主要是指毁林开垦和毁林采石、采砂、采土,在幼林地和特种用途林内砍柴、放牧及其他破坏森林资源的行为。在一些地方人为破坏森林资源的现象比较严重,造成的损失很大,甚至比某些自然灾害所造成的损失还大。因此,为了严格保护森林资源,制止破坏森林资源的行为,本条对制止毁林开垦和毁林采石、采砂、采土,在幼林地和特种用途林内砍柴、放牧及其他破坏森林资源的行为做了规定。

第四节 案例解读:中外森林资源保护经验及典型案例

一、美国保护性退耕经验

保护性退耕(Land Retirement for Natural Resource Conservation)是美国自20世纪30年代以来所推行的一系列农田退耕或湿地保护措施的总称。① 美国施行这一政策的基本思想就是利用经济手段引导农民休耕或退耕还林还草以保护生态、实现政府的环境目标,用经济学的话说就是政府通过公共财政途径对农民休耕或退耕的机会成本进行补偿。这与我国目前实施的退耕还林(草)工程如出一辙。美国推行保护性退耕计划的一个直接原因是应对20世纪30年代左右频繁发生于其国土上的洪涝灾害以及北部和南部大平原上严重的沙尘暴(Dust Bowl),以及通过农田退耕来改善生态,尤其是缓解和遏制日益严重的沙尘暴天气,因为沙尘暴的产生在很大程度上要归因于大平原上高强度的农业机械化耕作。但有意思的是,这一计划同时也在无意中与政府的另一个政策目标不谋而合,那就是在粮食供大于求时通过退耕来调节粮食的供求以避免"谷贱伤农"。因此,退耕也一度成为农业政策的一部分。例如为了减缓30年代的大萧条对农业的冲击,1933年的《农业调整法案》规定对农业种植征税并可以用这些税款补偿那些主动休耕以限制粮食产量的人。但联邦最高法院后来宣布该规定违反宪法。

为了继续推行休耕计划,另一个法案和退耕计划,即《保护性

① Ralph E Heimlich, The U S Experience With Land Retirement for Natural Resource Conservation, CCIC ED Taskforce on Forest and Grasslands, Workshop on Payments for Environmental Services Proceedings, Beijing: China Forestry Publishing House, 2002.

调整法案》和“农业保护计划”(ACP)随即诞生。ACP鼓励农民放弃种植那些容易造成水土流失的作物,转而种植豆类、草以及其他对保持土壤有益的作物,并利用公共财政对农民进行补偿。ACP一直延续到1947年。二战以后,随着欧洲的恢复与重建,粮食供求矛盾又一次凸现。1956年的《农业法案》颁布后,又一个农田退耕计划被提出来,那就是“土地银行”SB(Soil Bank)。SB包含两方面的内容,一个是附带条件的短期退耕计划,即要求那些种植了当时粮食已经过剩的作物的农田退耕,退耕的时间为3年;另一个则是目前仍在推行的CRP(Conservation Reserve Program)的雏形,CRP与农户签订3－10年的退耕合同,并且对退耕哪些农田没有任何特殊的限制,由农民自己决定。在1960年代,美国还采用过另一种短期退耕项目,即土地缩减计划ARP(Acreage Reduction Program),ARP的特点是退耕期限只有1年,从而可以迅速对市场供求状况做出反应。1970年代,由于对粮食的需求超过供给,退耕的土地相对较少。1980年代以来,伴随着世界粮食储备的大规模增长以及对土壤侵蚀和水质恶化的关注,对农田长期退耕计划的兴趣也再一次增加。

1985年的《食品安全法案》确立了目前仍在推行的长期耕地休养计划——保护区计划CRP。CRP由美国农业部商品信用公司CCC(Commodity Credit Corporation)下属的农务局负责管理,CCC和农务局在各州都设有分支机构。国家自然资源保护局、各州研究与教育推广处、林业处以及水土保护区也为计划的实施提供技术支持。CRP的退耕的期限为10－15年,并对退耕地的筛选制定了一套科学的评价标准和指标。在计划初期(1986－1989),政府的政策目标主要是减少水土流失。1990年后,计划的重点进一步扩展到改进水质以及保护野生生物栖息地等方面。CRP最初计划退耕4500万英亩的易造成水土流失的农田,到1990年时登记退耕的农田达到了大约3640万英亩。1997年,经美国农业部批准,一个以恢复和保存湿地为目标的湿地保存计划WRP(Wetlands Reserve Program)也被纳入CRP。2001年,政府分别在6个州启动了一个“农用湿地试点项目”:目的在于使目前处于农耕状态的5万英亩湿地得到保护,退耕合约规定的期限为10—15年。据统计,2002年1月份时共有3370万英亩的土地在CRP登记,政府与37万户业主签订了56万份退耕合同。在退耕的土地中,60%还草,16%种上了树木,5%成为保护性湿地。美国政府为此支付了高额的年补偿金,平均每英亩的补偿金为47美元。CRP原定于2002年结束,但由于得到了广泛的支持,很可能会延续下去甚至进一步扩展。2002年农业法案草案建议将CRP扩大到4000—4500万英亩。从目前的情况看,美国的保护性退耕计划是成功的。CRP成功之处在于以下三点:一是适时调整退耕的政策目标,科学地确定补偿的范围(退耕地选择);二是聪明地利用竞争机制和市场机制来确定补偿量的大小(退耕地的机会成本);三是合理地确定补偿期的长短(退耕合同期限)。下面分别对其进行分析。

(一)确定补偿范围

即确定哪些土地可以进入退耕计划。这实际上反映了政府推行这一计划的政策目标。在1930年代,主要是引导农民将那些土壤流失十分严重的土地进行退耕,由于这些土地本身的收益很低,农民也愿意将这些土地退耕以恢复它的生产潜力。这种情况下,农民的个人利益与国家的政策目标是吻合的,所以,确定退耕土地的范围不成为一个问题,因为农民出于个人利益所做出的选择与政府的政策导向是一致的。对于那些水土流失不太严重但对河川下游或其他地域产生严重生态影响的土地,农民与国家的利益却有了冲突。因为农民的动机是让那些生产力低从而收益低的而不是那些对生态维护特别重要的土地进入退耕计划。在这种情况下,对申请退耕的土地进行一定的筛选就显得非常必要。因此,在1970年代美国曾采用土壤侵蚀方程和风蚀方程对申请退耕的土地进行量化评估,以判定一块土地是否符合退耕的标准。1985年,当CRP计划开始的时候,政府在国家和地区层面上对土地按侵蚀等级进行分类,侵蚀最严重的土地成为CRP计划的主要目标。

但是,随着时间的推移,政府推行土地退耕的政策目标发生了重大的变化,也就是从仅仅注重土壤侵蚀转向整个生态系统的保护与恢复。例如动物栖息地保护、河流水质净化甚至景观维护。因此,政府选择退耕地的评价标准也发生了变化。农业部确立了一套新的标准——环境效益指数(EBI),一来综合评价退耕地产生的环境效益,并且在实施过程中不断根据实际情况对其进行完善。目前,这一评价标准已经修订了20余次。采用EBI作为筛选退耕地的科学依据使CRP计划的执行效果有了明显的改进。在采用EBI之前,只有2%的退耕地位于国家自然保护的优先区域,而采用EBI后,这一数上升到15%;每英亩退耕地减少的土壤侵蚀量也从14吨上升到16吨。

(二)确定合理的补偿标准

通过市场和竞争机制来确定补偿标准是美国保护性退耕计划成功的一个重要原因。在美国,除了极少数的几个州外,国家对土地业主的所有权没有任何限制,农民有充分的自由选择种植什么或不种植什么以及退耕或者不退耕。因此,用行政手段规定一个补偿标准强制农民退耕是行不通的。在这里,我们可以看到明晰的产权如何诱致了制度的正向变迁。在美国这样一个法律和政策环境下,如果政府想要提供生态效益这一公共物品,它唯一可做的只有两件事,一是自己生产(退耕国有土地);二是向生态效益的“供货方”土地业主购买。既然如此,购买的价格就是供需双方讨价还价的结果了。这一推理至少在理论上是正确的,即补偿金应该等于退耕地上农业生产的正常回报,进一步说,只要补偿金等于退耕土地的机会成本,或者只要政府的支付意愿与生态效益的边际提供成本达到了均衡,则土地退耕就会发生而且在经济上是有效率的。

但实际上补偿标准的确定却远非这般简单明了。因为宏观经济环境的变化会影响机会成本的大小。在1930年代经济大萧条时代,农业的收益为负,这一时期,对退耕进行补偿在经济上就会就显得没有效率。或者说，只要给农民少量的补偿，就足以引导农民在生态区位重要的地方进行退耕。但在宏观经济情况正常的时期，如何确定合适的退耕补偿额就成为一个至关重要的因素，因为只有对退耕在经济上有利时土地业主才会选择退耕。

从理论上讲，拍卖是一种可供选择的方式，即政府根据退耕的要求和条件招标，土地业主投标，政府在考虑经济成本所达到的预期的环境效果等因素后接受和拒绝土地业主的投标。事实上，早在1958年的退耕项目中就曾经尝试过投标模式，但由于种种原因这一模式并没有继续下去，1985年当CRP开始推行的时候，投标的方法再一次得到应用。投标的具体操作过程分为四步：首先是合同的总体签署阶段；其次是由土地所有者或经营者上报其打算（或继续）退耕的土地及其愿意接受的租金率；第三是政府根据"环境效益指数"和"根据土壤特点调整的租金率"这两个评价体系确定与当地实际情况基本相符的租金率；第四是向首都华盛顿递交竞标结果，由主管部门进行评审。这种竞标机制隐含了自愿和竞争的原则，也就是说如果竞标者参加竞标时上报的愿意接受的租金率高于政府所确定的租金率，他们可以选择不参加或不被政府纳入退耕项目。在这种机制下，租金率是由生态效益的购买者（政府）和销售者（农户）之间的供求状况所决定的。

但由于投标者众多，工作人员要在短时间内评审数量庞大的投标书是极为困难的。因为他们根本就没有可能去调查每一块投标土地的机会成本究竟有多大。为此农业部的官员想出了一个变通的方法，即根据每个地区干旱土地的年平均机会成本（最大可接受租金率MARRMS）来作为补偿的统一标准。实际上这一做法跟我国目前退耕还林中单一的补偿标准类似。显然，这一做法并没有真实地反映土地的机会成本，从而使那些土地生产率高的业主不愿退耕，即便其生态区位十分重要。

1990年，出于对现有补偿标准的批评的反应，农业部改进了最大可接受租金率。即根据投标土地生产率的高低对某一地区的MARRMS进行调整。例如某一块土地的生产率比该县土地的平均生产率高20%,则退耕的补偿量按该县MARRMS的120%计算。但是很明显,要确定某一块土地的相对生产率也是一件烦琐的工作。除了向退耕者支付退耕地的机会成本外,美国农业部还通过商品信用公司CCC给予退耕者其他类型的激励型支付。这些激励型支付有些其实是为退耕者提供生态效益的生产经营成本,由于这些成本投入形成资产(例如林木长成后若和约到期则其收益权归农户),因此国家只承担其中的一部分成本。农业部的激励性支付包括两类:一类是对业主在退耕地上采取或维持一些有利于生态效益发挥的措施的支付,既包含采取这些措施的成本,也有奖励的成分;另一类就是提供额外的支付引导那些处于生态敏感区的土地签约退耕。比如鼓励那些位于河流两岸缓冲带或那些对河流水质有严重影响的土地退耕。

(三)补偿期的长短

从美国保护性退耕的历史来考察,退耕合约的期限有很大区别。主要分长期和短期两种类型。短期退耕的好处是能对市场做出迅速反应,相应地土地业主也有相当的选择上的灵活性。而长期签约对于那些生态区位重要的土地的保护和维持有好处。1985年开始的CRP合约期一般是10—15年。不管是长期合约还是短期合约,合约期满后土地业主均有权利继续签约或退出休耕计划。在推行CRP过程中有一个现象曾一度引起争论。研究发现很多退耕土地在期满后一直续签下去,或者即使那些期满后没有续签的土地大多数也没有再退林草还农①。因此有人认为政府应该一次性地将土地从农民那里买下来,这样在经济上对国家来说是更为划算的,但也有认为这样做是不明智的。因为,一方面保守的美国农民一般不愿意将土地卖出,另一方面,即使政府将零碎的土地收归国有,其管理的成本也会高得惊人。

---

① Kurtz等的研究发现,在1956—1961年的退耕计划中培育起来的森林有80%一直保存至1980年。

自1933年以来，扣除物价上涨因素，美国进行保护性退耕计划已经耗资330亿美元（按1996年价格计算），相当于成功地将11亿英亩的土地退耕一年时间。每英亩年平均补偿额达到29.26美元。美国的保护性退耕计划对相关各方的影响是不同的[①]，但总体上来讲对社会福利是有益处的，至少是一种帕累托改进。[②]

（四）保护性退耕计划立法对我省森林资源保护立法的启示

1.加大对生态效益补偿机制的财政投入

据统计，发达国家的环保投资已占其GDP的1%～2%，美国为2%，日本为2%～3%，德国为2.1%。近年来，我国环保投资虽有较强增长，但投资总量的不足仍阻碍着生态效益补偿机制的进一步完善和发展。综观世界多个发达国家，无论是对国有林的扶持，还是对非国有林的补贴，各国均表现出极大的支持。相比之下，我国的同类支出远不能及。一般而言，财政投入与生态效益呈正相关。要促进我国生态效益补偿机制长足发展，加大财政投入是首要任务。

2.提高补偿标准，增加补偿弹性

我国森林生态效益的补助标准是75元/公顷一年，但没有具体的定价标准。据非官方统计，若仅依据森林的营造和管护费用，生态林的营造至少需3529.5元/公顷，而管护费用也至少需要150元/公顷一年。从这个意义上说，我国的补偿标准过低，不能反映

---

① 首先土地业主从政府的补偿中直接获益，而且从退耕引起粮食价格上涨中间接获益，此外，退耕地上的林木成了土地业主的资产，通过退耕还使得林地日后的生产率提高。其次，支付了土地的租金、保护设施成本分摊以及技术支持的费用，但却因为退耕调节了粮食供求，从而节约了用于这方面的政府项目的开支，广大消费者因为物价上涨带来了损失，但整个社会因为生态环境的改善而获益。

② 张涛：《森林生态效益补偿机制研究》，中国林业科学院2003年博士学位论文。

森林生态效益的价值,也达不到补偿的目的。要真正反映我国森林生态效益的价值,并实现对森林生态效益的有效补偿,就必须依据客观的定价标准,制定一个较客观的补偿额度。

此外,我国的补偿标准属于静态标准,没有结合动态的经济发展水平,非常缺乏弹性。人民收入水平在提高,补偿却停留在原有水平,缺少科学性和公平性。相比而言,在美国的保护性退耕计划中,均衡租金率由生态效益的购买者(政府)和销售者(土地业主)间的供求状况共同决定。通过引入价格机制和竞争机制,补偿标准将由静态标准转变为动态标准,使生态效益补偿实现更高的效率。我国应积极借鉴美国的经验,恰当地引入市场机制,合理增加补偿弹性。

3.积极构建森林生态服务市场

森林生态服务的稀缺性、公共物品性和外部性特征导致资源配置的无效率。政府在生态效益补偿中扮演着重要角色。但政府的行政干预一方面会引起较大的市场波动,另一方面也会诱发寻租行为。因此,市场化手段更为有效。

在森林生态服务市场的构建中,产权的合理界定是一个突出问题。只有明晰产权,市场的自发调节作用才能发挥,政府才能从生态效益补偿中被“置换”出来。但完全依靠市场也不可能实现资源的优化配置,只有将市场这只“无形手”和政府这只“有形手”有机结合,才能实现资源配置的帕累托最优。

4.加强宣传,提高公民的环境意识

森林生态效益补偿必须得到全社会的支持。我国政府应注重生态补偿的科普教育和宣传,提高公众的生态补偿意识,明确森林生态效益补偿的政策,以及责、权、利的分配。此外,还应对管护人员进行专业培训,提高其保护森林的效率和能力。[①]

---

①　李平、高原:《发达国家生态效益补偿经验借鉴》,《环境保护》2011年第4期,第71页。

二、永州市森林资源保护与永州经济协调发展经验

永州市作为一个山区市,在森林资源保护与经济发展的道路上进行长期探索,取得了显著的成效,主要表现在:森林采伐量严格控制、造林力度加大、生态环境得到明显改善、农民收入显著提高。真正实现了"山青、水秀、人富、境美",使森林资源保护与经济社会在一定程度上得到了协调发展。永州市位于湖南省南端,自然条件优越,森林资源丰富,是湖南省重点林区之一。全市土地总面积2229820公顷,其中林业用地面积1534054.8公顷,占国土总面积的68.8%,耕地总面积428773公顷,占国土总面积的19.2%。2007年生产总值为506.39亿元,财政总收入为29亿,农民人均纯收入为3397元。森林覆盖率达到62.32%,全市森林蓄积量47231712立方米,人均6.3立方米,其中林业总产值33.5亿元,占农业总产值的12.6%。林业是土地利用结构的主体。从1989年起,按照省委的决定,当时地委行署提出了"五年消灭荒山,十年绿化零陵"的口号,全市人民积极响应,通过艰辛努力全市于1992年提前一年实现了灭荒目标。四年完成"灭荒"造林17.7万公顷。之后,全市又朝全面绿化和发展高效林业目标迈进。1997年提前两年实现了全面绿化目标。目标实现后,及时调整工作思路,围绕林业两大体系建设和跨世纪造林绿化目标,把造林绿化工作的重点转移到提高整体绿化水平、提高生态环境质量和提高林业综合效益上来。"十五"期间,全市林业建设取得了巨大成就。先后启动实施了长防林、退耕还林、生态公益林、山区综合开发、生态综合治理、封山育林、油茶低改、"三难地"绿化攻坚和林木种苗等一批林业重点建设项目。"十五"期间,全市共完成人工造林面积62.73万公顷,新增封山育林面积254.67万公顷,改造低产低效林13.40万公顷,林木绿化率达到62.25%,同"八五"期末相比提高了4.45个百分点。到"十五"期末,全市已有全国造林绿化"百佳县"一个,"百佳乡镇"一个,"千佳村"17个,全国部门造林绿化"400佳"单位一个,全国绿化模范县市1个,省市县园林式单位732个。

在大力植树造林的同时，采取有力措施，加强森林资源的保护管理，巩固造林绿化成果。一是严格执行限额采伐计划，确保生长量大于消耗量；二是加大破坏森林资源案件的查处和打击力度，有效地保护了森林资源；三是加强森林防火和森林病虫害防治，把灾害损失降到最低限度。与此同时，大力引进和推广先进技术，提高森林资源的综合利用率，促进林业经济效益不断提高。

1. 永州市森林资源保护促进了永州经济的发展

永州市森林资源保护与促进当地的经济发展紧密结合，积极培育资源，开发资源，大力发展林业产业，注重特色基地建设，提高林产工业水平，促使产业链的形成，使农民脱贫致富。通过政策扶持，吸引更多的人投资特色产品的加工，鼓励农民进入林产品流通领域，使产业不断地向前发展。20 世纪 90 年代后期，随着人民生活水平的提高，对生态环境要求越来越高，"回归自然、享受生活"的消费心理与日俱增，森林生态旅游业迅速发展。永州市专门邀请专家学者对生态旅游发展进行了前期论证，并积极招商引资，使生态旅游不断发展壮大。近几年永州经济发展主要指标见表 3-3。

表 3-3　永州市 2000—2007 年主要经济指标情况汇总表

年份	地方生产总值（万元）	人均地方生产总值（元）	一、二、三产业结构	财政总收入（万元）	农民家庭人均收入（元）	城镇居民家庭人均可支配收入（元）
2000	1980983	3676	37.7∶21.9∶40.4	114864	1946	4575
2001	2204817	4175	35.6∶22.4∶42.0	120115	1967	4874
2002	2410804	4732	34.4∶23.0∶42.6	125664	2025	5189
2003	2658073	5316	32.1∶23.9∶44.0	151267	2122	5554
2004	3073478	6137	30.8∶24.9∶44.3	177279	2446	6261
2005	3612220	7221	30.6∶26.2∶43.2	200518	2738	7699
2006	4145477	8103	28.8∶27.8∶43.4	232377	2954	8725
2007	5063900	9887	29.7∶28.2∶42.1	291500	3397	10409

从上面可以看出,由于永州森林资源得到有效的保护,生态环境得以改善,自然灾害明显减少,农特林副业生产有了较大发展,地方生产总值、群众经济收入逐年增长,生活水平明显提高。

2.永州市森林资源保护与永州经济协调发展的经验

永州市注重发挥林业的综合效益,推动传统林业向现代林业转变,粗放经营向集约经营、高效林业转变,逐步建立起比较完备的林业生态体系和比较发达的林业产业体系。主要经验有:

(1)加大造管力度,全面提升生态环境建设质量。"十五"与"八五"调查对比,永州实现了有林地面积、森林蓄积量和林木绿化率三增长。林业用地面积净增94907.9公顷,森林蓄积量净增2100多万立方米,林木绿化率提高4.45个百分点。

(2)优化区域布局,提高林地产出率。综观永州市森林资源保护与经济社会发展过程,不难发现,全市森林资源在数量大幅增长的同时,质量也不断提高。一是分类经营,建立科学的森林经营管理体制。根据森林的用途和生产经营目的,将森林划分为公益林和商品林,实行分类经营,分类管理。以国土保护和改善生态环境为主要目的森林划分为公益林,按照事权划分的原则,由各级政府负责建设,实行事业化管理。以直接经济利益为主要目的森林划分为商品林,实行企业化管理,集约化经营,努力提高林地生产力。二是按照市场经济发展的要求,大力优化林种树种结构,突出发展速生工业原料林、乡土优势树种和名特优经济果木林。调整的方向和重点是"一降三增",即大幅度降低杉木林的比重,大幅度增加经济果木林、工业原料林和珍贵阔叶林的比重。特别是活化了机制,大力引进客商、培育大户基地造林,规模经营。三是以按树为代表的新品种新技术等科技成果的推广运用不断深入,森林经营管理水平不断提高。

(3)加速资源综合利用,大力发展林业产业。从根本上转变单一木材生产的林业发展观念,树立"大林业观念",包括五大林种的发展和利用森林景观价值发展生态旅游等,使森林资源的经济、生态和社会价值得以体现。充分发挥了全市丰富的森林资源优势,大兴加工增值,发展林产工业,发展循环经济和节约型林业,提高林业经济效益,把资源优势变为经济优势。根据永州森林资源优势的特点,重点大力发展了林纸、林板、林化、林药、林油、森林食品、生态旅游和种苗花卉等优势产业。

(4)建立多方参与机制,拓宽渠道加大林业投入。森林资源保护与经济社会协调发展是一个复杂的综合系统工程,它需要多方参与,一是进一步深化林业经营体制改革,放活经营机制,大力发展非公有制林业,调动各方面投身造林的积极性。同时注重进一步落实优惠的政策措施,扶持大户、企业投身林业建设。二是大力招商引资,争取更多的外来投入。三是积极向上争取项目资金,更多地支持林业发展。

(5)依法治林,确保森林资源持续稳定增长。贯彻执行《森林法》和《湖南省林业条例》等一系列林业法律法规和政策,坚持依法治林,以法兴林,促进森林资源持续稳定增长。

第五节　森林资源保护之浙江法治实践

一、浙江省森林资源保护立法实践

自2004年颁布施行《浙江省森林管理条例》以来,浙江省森林资源保护地方立法工作取得了显著的成效,走在了全国的前列,颁布实施了森林资源保护方面的法律文件,包括享有地方立法权的权力机关颁布实施的地方性法规、享有地方立法权的人民政府颁布实施的地方政府规章以及其他行政规范性文件。浙江省森林资源保护地方立法文件主要有:《浙江省陆生野生动物保护条例》(2004)、《浙江省林地管理办法》(2005)、《浙江省自然保护区管理办法》(2006)、《浙江省森林消防条例》(2007)、《浙江省实施〈中华人民共和国种子法〉办法》(2007)、《浙江省公益林管理办法》(2009)、《浙江省野生植物保护办法》(2010)、《浙江省湿地保护条例》(2012)、《浙江省林木采伐管理办法》(2014)等。

(一)浙江省森林资源保护立法的不足

1. 体系完整性不足

从国家和地方之间的关系来说,当国家出台一部森林法规如《中华人民共和国森林病虫害防治条例》时,浙江即需要出台一部或几部与其相适应的并且适合省情的森林法规,与之相配套。从地方本身来说,当甲、乙、丙三部法律被认为构成一个完整的"立法群"时,在目前只有甲、乙两部法律,而缺乏丙法律的前提下,丙法律的立法,便是基于体系完整性的考虑。许多森林法规之所以会被排上立法建制计划,与此种体系完整性的要求息息相关。[①]

2. 与社会增长需求不相适应

浙江省近几年森林面积不断增加,森林覆盖率有所上升,且随着林竹加工业和制造业、竹笋产业等的不断发展,对内和对外的市场需求不断扩大,当然就对森林资源提出了更高的要求,但是,浙江森林单位面积蓄积量及人均占有量与全国或世界水平相比相对较少;资源结构不够合理,例如在树种结构中阔叶林比重小而针叶林比重大,林龄结构中幼中龄林所占比重大;森林资源防灾减灾形势严峻。近年来森林病虫害危害加剧、森林频发火灾,对浙江省森林生态安全和森林资源的健康发展造成了严重的危害。所以浙江省需要完善相关的森林立法,对森林资源进行更加全面的保护。

3. 与政府的意愿相左

浙江省政府把强化地方森林立法作为依法行政和依法治林的前提和基础。2004 年,浙江省委提出了打造"绿色浙江"和生态省建设的目标,进一步加强了森林资源保护方面的立法。省政府根据经济发展较快、市场化程度和开放度高的具体省情,在森林立法方面强调要适应市场经济的发展要求、要与国际通行惯例相衔接、学习运用森林法规先进省的立法经验,并使其适应浙江社会发展

---

① 叶俊荣:《大量环境立法:我国环境立法的模式、难题及因应方向》,中国政法大学出版社 2003 年版,第 99 页。

实际的原则,制定了许多条理清晰、内容全面的森林法规,并且不断建设有利于森林资源发展的配套设施,加大对森林资源发展的资金投入力度等。在林业企业的发展方面,减少政府行政干预,大幅度削减审批事项,为企业营造良好的发展环境,使政府能真正地成为为林农和企业服务的服务型政府。

4. 拖经济发展后腿

改革开放以来,浙江经济发展水平达到了一定的高度,综合实力明显增强。高等教育取得了很大进展,科技综合实力显著增强;基础设施条件改善明显;文化、环保、体育、卫生、社会保障和社会福利等各项事业也得到了迅猛发展,城市化水平显著提高;生态经济发展势头良好,生态旅游方兴未艾。到目前为止,浙江省的人均生产总值已经超过了3000美元,这就意味着浙江已经迈入现代化的门槛,已经进入了富裕的社会。所以浙江有进行森林法规立法和实施的经济保障,例如浙江省生态公益林的补偿标准为每亩17元(其中国有林场每亩19元),而广西壮族自治区每亩的补偿水平才刚刚达到国家规定的标准,即每亩生态公益林补偿10元。

5. 民众强烈反应

浙江"资源小省""地域小省"的现状,决定了浙江省的环境容量非常有限。随着人们生活水平的提高,经济的发展,人们对环境质量的要求会日益提高。在迈入小康社会后,随着人们生活水平的提高,人们对城乡人居环境的绿化美化、森林旅游等这些高档品的需求会以更快的速度提高,现代的森林利用不仅是森林物质产品(木材和其他林副产品)的利用,同时更主要的是对森林生态环境资源所提供的物质产品和森林生态产品的利用。① 而浙江省森林资源的状况与全国形势基本相同,仅是局部区域有所好转,但总体情况仍没有大的改观,由此导致人们日益增长的生态环境需求

---

① David L, Gilmour D. RehabilitationGland, Switerland and Cambridge, and Restoration of Degraded Forests. IUCN UK and WWF, Gland, 2003, pp. 22—37.

与不尽理想的生态环境供给之间的矛盾尖锐。近些年来，浙江省的环境投诉率一直呈走高趋势，有些区域的投诉量已经位居市长专线电话的前几位，有时甚至位居第一位。[①] 这一方面说明群众环境意识提高了，对生态环境质量的需求增强了；另一个方面表明浙江环境状况不能满足人们的需求，浙江还需在城乡人居环境的绿化美化、森林公园的建设等方面做进一步努力。

（三）浙江省森林资源保护立法的完善

1.改进森林立法的调研工作

立法调研工作的深入与否，直接关系到民情民意在立法工作中的采集与反映。要在公开征集意见、到基层调研、召开座谈会等方式的基础上，进一步研究、采用一些新的工作方式和方法，提高立法调研的深度和广度。一是可以通过开通立法网上论坛等方式，有重点地引导人民群众尤其是林农参与立法调查和讨论，提高人民群众参与立法的热情，增加人民群众参与立法的深度。二是可以在立法调研中引入统计调查的方式。通过统计调查，获取科学的定量分析数据，由于森林立法的科技关联性，更需要获得科学的数据，以提高分析民情民意的准确性。三是森林立法调研的方式方法需要进一步改进，要进一步增强征求意见工作的针对性和广泛性，提高立法调研的效率和质量。四是要重视听取相关利益主体代表的意见，尤其是林业协会的意见。行业协会、社会团体等，往往代表了一个行业、一个团体的利益。他们提出的立法意见建议较公民个人提出的立法意见建议，往往更为理性，更具有代表性。

2.完善专家参与森林的立法工作

浙江的立法专家库制度，对于提升浙江立法质量发挥了重要的作用，所以我国各省应该积极借鉴相关经验，吸收精髓，立足本

---

① 沈满洪：《绿色浙江——生态省建设创新之路》，浙江人民出版社2006年版，第23页。

地实际,邀请相关专家参与本地的森林立法。专家参与立法是科学立法的必然要求,专家参与地方森林资源立法,不仅应该提供地方森林立法的价值判断标准,从宏观上把握地方森林立法的合理性、科学性与前瞻性以及从技术上形成地方森林立法的规范系统,还应该从微观上充分把握森林法规语言方面的准确、简明、科学、规范、可操作,体现地方性和民族性等。完善专家参与森林的立法工作,主要是从服务、考核和激励机制上着手。一是要加强专家立法的服务工作,为专家参与森林立法提供尽可能完整、精确的立法资料和其他工作上的便利,为专家深入开展研究和论证工作提供尽可能周到的服务。二是在专家的选取上,要遵循专业性、广泛性、权威性、实践性、自愿性、工作责任心强等几个标准。三是要对专家参与森林立法工作的绩效进行考核。对热心立法工作,提出有质量的立法建议的专家,要从荣誉表彰、物质奖励等多方面给予激励;对应付立法工作或不参与立法工作的专家,则要给予批评或者淘汰出地方立法专家库的惩罚。四是要扩大专家参与森林立法的范围,可以考虑由专家直接参与立法调研与立法起草,甚至考虑将预定的森林立法项目委托给专家组来完成。从而,激发专家参与森林立法工作的责任心和热情,提高专家参与森林立法工作的质量。

3. 提升森林立法工作者队伍建设

作为立法者参谋和助手的立法工作者,承担着立法的具体工作,在相当程度上影响着立法的质量和立法的进程。森林资源在立法方面具有高度科技背景与决策风险、广度利益冲突、需关注隔代平衡性和国际关联性等特点,所以对于森林的立法来说,必须大力加强立法队伍的建设。一是要增加森林立法工作机构的编制。森林立法是一项专业性和科技性极强的工作,以全国人大为例,负责立法工作的法制工作委员会人员编制占机关总编制的三分之一,再加上各专门委员会负责立法的机构和编制,立法工作人员的编制接近机关总编制的二分之一。而作为同样担负着繁重地方立法任务的某些省份的人大常委会,立法工作人员的编制却很少。

森林立法工作者人少任务重的窘境,直接制约了常委会的立法能力,也直接影响到立法的质量。二是要提高森林立法工作者素质。森林立法是一项关系各项事业长远发展大局的决策工作,要求立法工作人员必须具有坚定的政治信念、深厚的法律素养、丰富的实践经验和良好的立法和科技知识,方能担负起所负的工作职责,方能保证立法工作的质量。要有针对性地加强对立法工作队伍的锻炼和培养,有计划地安排他们接受继续教育,提高他们正确认识国情、省情,自觉践行科学发展观的能力,增强他们研究问题、把握问题、解决问题的实际工作能力。

4. 提高森林立法质量

提高立法质量,是党的十五大、十六大对立法工作提出的明确要求,是省人大常委会近年来一以贯之追求的立法目标。但是,由于立法质量本身是个涉及法规实体内容规定、立法工作程序、立法技术规范等多项内容的综合性指标体系,又由于每个参与到立法过程中的机构与人员,对提高立法质量的认识、理解存在一定的差异,对提高立法质量的追求、偏好也各不相同,因此,对立法质量的提高形成了不同的影响。从森林法规立法的实际情况看,部分森林法规还是或多或少地存在着一些质量问题。如有的森林法规重复上位法规定的内容偏多,真正实施性、创制性的条款少,地方特色不够鲜明与突出;有的森林法规滞后于社会发展,法律规定不严谨,造成相关部门操作实施不便;有的森林法规偏重于行政管理和行政处罚,轻行政相对人的权益保护,部门利益的影响还一定程度存在;有的法规与法规之间在同一问题上的规定不够一致,造成前后规定的不协调;有森林法规条文过于繁复与冗长,不够简明,等等。

作为世界上发展最早的资本主义国家的英国,其对于相关森林立法的对象要求十分具体明确,使得政府机构执法、公民和企业守法有规可循。由于环境问题的广泛性、不可预测性等特色,英国在森林立法的过程中广泛征求公众的意见,这样一方面使得公众和企业较早了解到森林法规的内容和要求,为遵守法规及早做准备,另一方面还可以使所制定的法规尽量完善,从而提高了法规的可操作性[①],所以英国森林法规的可操作性强,政府、企业和公民的关系比较和谐。

作为世界上森林发达国家之一的日本,其森林法规肯定了以合作和伙伴关系而不是以行政强制力为基础的森林管理方法,日本森林法的目的是通过规定基本理念以及明确国家和地方政府的责任和义务,从而全面而有计划地推行森林以及林业相关政策与措施。[②] 日本有一套较完备的林业法律体系,采种育苗、森林培育、保护管理、植树造林、采伐更新和利用等方面都有法可依。在日本,人们的法律观念强,保护森林也已经成为大家的自觉行动,而且日本严格按照森林经营方案实施采伐与更新。

鉴于以上实践,我国各省在森林立法方面可以采取以下措施来进一步提高森林法规的立法质量:第一,立足森林的区域性特色,重点在创制性立法上下功夫,积极召开森林立法的听证会、论证会,进行立法调研,广泛征求社会各界的意见,进一步增强森林法规的科学性,从而制定出有特色的森林法规,而不是盲目重复上位法的规定。第二,提高森林立法的针对性和可操作性,做好森林法规的立法规划,使森林立法紧跟社会发展的步伐,从而使执法部门有法可依。第三,在森林法规的立法过程中,注重各部门之间的协调以及相关森林法规之间的一致性,摒弃部门利益的影响,重视相对人尤其是林农和林业协会的保护。第四,在森林立法的过程中,森林法规的内容应该具体、明确、具有可操作性,避免法条的繁复、冗杂,及时修改、废止那些与社会发展不适应、与上位法规定不一致、与同位法规定不协调的法规,促进森林法规科学和谐统一。

---

① 申金花:《中日森林保护若干法律制度的比较研究》,东北林业大学2003年硕士学位论文。

② 夏利阳、涂怀艳:《浙江政府规章建设的回顾与展望》,载万斌主编:《浙江蓝皮书—2005年浙江发展报告(法治卷)》,杭州出版社2005年版,第132页。

5. 突出森林地方立法特色

改革开放以来，我国各地尽管都有很大发展，但地区发展仍不平衡，东部沿海发展较快，中部和西北部内陆地区发展相对缓慢。森林立法工作应重视这一现状，努力使森林立法突出不同地区的森林特色。森林立法必须从全国各省的实际情况出发，用发展与改革的精神切实解决好前进中遇到的问题，突出立法创新。我国各省正处于社会转型、经济转轨、经济结构调整为主要特征的全面转型期，社会主义市场经济体制还需要在改革的实践中不断发展与完善。因此，森林立法必须适应改革发展的实践，坚持立、改、废相结合。及时把改革的成功经验和不同地区的示范经验用立法的形式固定下来，把现有法规中阻碍改革和社会进步的规定及时加以修改或废除，为森林法规的变革提供法制保障。

6. 推进森林立法公开

我国全国各省大部分地区尚未建立关于公民与立法机关之间的互动机制，对立法听证这种被认为最能听取民意的立法民主形式，缺少制度化、规范化保障，是否召开听证会随意性很大。而美国环保署在制定法案时，均依法将草案公布于联邦公报（Federal Register）上，并限期欢迎民众发表意见；汇整所有意见后再公布修正后的版本，并于其中说明何等意见已被采纳何等意见无法采纳及其所以未予采纳的理由；其中并应主动或应要求举办公听会；如果利害当事人认为其中有实体上或程序上的瑕疵，亦可诉诸法院。美国公开相关法规制度的完善，使其法律法规的实施取得了巨大的成就。为此，在社会保障体系和立法体系中，各省也应尽快建立和完善公众参与的保障机制和制度；建立和完善各类社会组织，发挥社会组织在森林立法中的保障作用；进一步完善立法信息供给制度，减少和防范立法信息不对称现象，例如要如实公开当前的森林质量状况如何，当前的森林质量状况是如何发展而来的，将来的森林质量状况发展趋势，森林的损益状况等；健全听证制度，开门审查，对公众的建议和意见，无论合理还是不合理，都要在一定时间内予以答复。[1] 诚如《社会契约论》所讲,英明的创制者也并不从制定良好的法律本身入手,而是要事先考察一下,他要为之而立法的那些人民是否适于接受那些法律。[2]

二、浙江省森林资源保护执法实践

(一)森林公安侦破大要案件成效

2015 年 8 月底省委副书记、省政法委书记王辉忠在省林业厅简报“我省森林公安侦破一批大要案件有力保障林区安全稳定”上做出批示,充分肯定森林公安打击涉林违法犯罪、保护森林资源严打有力、维稳有方,值得肯定。自 2014 年以来,我省森林公安机关认真贯彻落实省委、省政府建设森林浙江、平安浙江和“两美浙江”的决策部署,加大执法力度,严管森林火灾,强化队伍管理,狠抓大要案件查处,始终保持打击破坏森林资源违法犯罪高压态势,先后开展了 2014－2015 雷霆、火案清剿、禁种铲毒、天网行动、眼镜蛇和林地清理整治等一系列专项打击行动。全省共接处警 1.35 万余起,出动警力 8 万余次,受理查处各类涉林违法案件 4420 起,查处各类违法犯罪人员 8500 余人,收缴林木、木材 4 万多立方米,查获一批珍稀植物、珍贵濒危野生动物及其制品,并成功侦破重特大案件数十起,涉案金额超过 2 亿多元,极大地震慑了涉林违法犯罪活动。为更好地保护森林资源,省林业厅要求全系统森林公安机关认真学习贯彻落实王辉忠副书记批示精神,按照省委、省政府的部署,更好地担负起保护森林资源、维护林区治安、保障生态安全的重大使命。围绕深化公安改革要求,坚持从严治警,加大专项打击力度,努力规范执法活动,推进基础设施建设,不断提高森林公

---

① 夏利阳、涂怀艳:《浙江政府规章建设的回顾与展望》,载万斌主编:《浙江蓝皮书—2005 年浙江发展报告(法治卷)》,杭州出版社 2005 年版,第 132 页。

② [法]卢梭著、张友谊译:《社会契约论》,外文出版社 1998 年版,第 59 页。

安队伍的执法能力水平，为平安浙江和“两美浙江”建设再立新功。①

（二）长兴：“民间 110”守护绿水青山②

在长兴水口乡，当地一直有个“上海有个长兴岛，长兴有个上海村”的说法，绝佳的生态环境是吸引外地游客的“金名片”，然而丰富的森林资源却经常遭受山火等自然灾害，以及不法分子乱砍滥伐的破坏。其中，火灾是对森林资源破坏最大的一种灾害，山林被烧毁，造成非常大的损失，植被生态很难再恢复，一般新种的苗木起码要长 3 年。

如果发生火灾，靠专业救火力量赶过来比较慢，当地派出所的警力远远不够。就需要一支由村民组成的防火队伍。他们所做的不仅限于森林防火灭火，还参与其他突发事件救援，比如上山制止游客野外用火、寻找走失老年游客等。今年 4 月，水口乡组成一支 40 多人的“民间 110”平安志愿者服务队伍，他们平时是普通的村民，遇到山火等的突发事件时，能马上赶到事发现场，成为最早展开救援的人。

在这支队伍中，有位护林业员老汪（汪小芳），现已 61 岁，今年是他做护林员的第 31 个年头，为了给守护绿水青山出一份力，老汪成了水口“民间 110”的平安志愿者。只要天不下雨，老汪坚持每天出门巡视林区。今年 7 月，老汪盯上了一伙在山上放置捕兽电网的人。这种电网通过蓄电池通电，专门捕杀野猪、野兔、黄鹿等野生动物。老汪觉得电网的杀伤力很大，上山干活的村民也可能触电出事，便第一时间打电话给辖区民警，反映了这一情况。派出所民警调查捕兽电网的来源，连续跟踪了好几天，查获了一伙非法

---

① 参见《浙江省委副书记王辉忠批示肯定我省森林公安侦破大要案件成效》，E 木业网，http://www.zgmuye.com/news/show－30709.html，2015-9-30。

② 参见《长兴：“民间 110”守护绿水青山》，浙江林业网，http://www.zjly.gov.cn/dfzbHuz/84502.jhtml，2015-9-30。

捕猎的安徽人。

离老汪住的平房20米远有一条山沟，溪水顺流而下，如同世外桃源。这个地方有山有水，很多人都喜欢来这里烤烧，但烧烤很容易引起山火。尤其是双休日来烧烤的人最多，只要发现山上有游客在烧烤，老汪肯定要劝他们离开。来山上烧烤的游客大多来自长兴周边地区，今年夏天，老汪平均每周要劝走十几拨烧烤游客。老汪说，他的劝说和教育还是起到了作用，很多游客被劝走后便不再来了。

在水口乡，像老汪这样的护林员还有11个人，都成了"民间110"的一员。他们当中很多人常年生活在大山中，能第一时间制止野外用火等不文明行为，及时消除安全隐患。自从水口"民间110"平安志愿者服务队成立后，村民上山留意火灾隐患成了一种习惯，他们会耐心劝说游客文明用火，看看山上有没有迷路的游客。据水口警组统计，近半年突发事件警情至少减少两成，大大缓解了水口警组的出警压力。

（三）安吉县森林警察大队迅速推进"守青山，护绿水"专项行动①

自市、县公安机关部署"守青山、护绿水"专项行动后，森林警察大队迅速行动。结合实际，周密部署方案，全力抓推进，现已初现成效。已查破各类涉林案件30起，其中查处林政案件28起，收缴野生动物560余只，涉案林地1.2万平方米；破获刑案2起，采取强制措施2人。在常态管理基础上，突出重点、主动履责，进一步发挥守护绿水青山主力军作用。一是认真组织。市县动员会召开后，大队立即召开全警大会予以贯彻，并在9月29日召开工作推进会，进一步明确工作目标。并根据当前林区治安特点及野生动物管理、毁林开垦治理、涉林项目非法侵占林地等热点、重点问题，研

① 参见《安吉县森林警察大队迅速推进"守青山，护绿水"专项行动》，浙江林业网，http://www.zjly.gov.cn/zxxd/85439.jhtml，2015-9-30。

究制定森林公安《守青山、护绿水专项行动工作方案》,要求全体民警树立勇于担当的工作精神,按照出实招见实效的要求,全面提升森林公安保护生态资源安全履职尽责能力。二是狠抓落实。针对涉林案件处理过程中干扰因素多,案件发现难等特点,一方面主动加强与乡镇(街道)沟通,同时各森林所进一步强化重点地区警务广场宣传活动,争取工作理解和支持;另一方面统筹谋划,同国家森林公安局正在实施的集中打击破坏森林和野生动物资源违法犯罪活动以及毁林开垦综合治理活动紧密结合,强化案件排摸力度,力争进一步净化节前林区治安环境,截至目前已排摸各类涉林违法犯罪线索 20 条。三是强化打击。在严格依法进行基础上,做到从严从快处理。主动与交警、交通建立协作机制,已查获非法运输野生动物案 2 起,收缴黄麂、蟒蛇、野鸭 462 只(条)。9 月 21 日获取线索抓获涉嫌出售国家二级保护动物"娃娃鱼"的德清籍犯罪嫌疑人林某。22 日民警巡查发现递铺青龙村有一片山林被人砍伐,随后立即锁定当地村民芩某,抓获后芩某对滥伐林木的犯罪事实供认不讳。

(四)林业厅部署开展严厉打击涉林违法犯罪暨"雷霆三号"专项行动[①]

为切实加强森林资源保护和管理,严厉打击各类破坏森林资源违法犯罪行为,根据公安部、国家林业局森林公安局部署要求,省林业厅决定于 7 月 1 日至 12 月 30 日,在全省范围内组织开展严厉打击破坏涉林违法犯罪暨"雷霆三号"专项行动。

本次行动目的:坚持以科学发展观和中央关于推进生态文明和美丽中国建设的重大战略部署为指导,全面贯彻落实省委"两美浙江"建设要求,坚持"以防为主,打防并举"方针,针对当前涉林违法犯罪新形势和突出问题,整合执法力量,查处一批涉林案件,打

---

① 参见《省林业厅部署开展严厉打击涉林违法犯罪暨"雷霆三号"专项行动》,浙江林业网,http://www.zjly.gov.cn/zxxd/81121.jhtml,2015-9-30。

击一批涉林犯罪行为,整治林区不稳定因素,坚决遏制破坏森林资源违法犯罪势头,确保森林资源和生态安全,维护人民群众利益和林区和谐稳定。

本次行动重点:一是紧扣“三改一拆”“五水共治”中心工作,坚决迅速查处涉林违法违规和人民群众反映强烈或被省级以上新闻媒体曝光的破坏森林资源案件;二是严厉打击盗、滥伐林木违法犯罪行为,重点是盗、滥伐生态公益林、国有林场、森林公园等林木的案件;三是严厉打击森林火灾肇事行为,尤其是查办违规用火毁林案件;四是严厉打击未批先占、少批多占、滥占乱用林地,特别是毁林取土开矿及重点工程项目建设的违法犯罪行为;五是严厉打击非法运输、收购、加工木材的违法犯罪行为;六是严厉打击滥采乱挖野生植物和非法猎捕、杀害、经营、加工、出售野生动植物及其制品案件;七是配合地方公安机关坚决查办林区涉毒、涉恐案件;八是排查化解涉林矛盾纠纷和问题隐患,全面强化林区群体性事件和突发案(事)件的应急处置能力。

(五)不畏强暴,勇敢执法,林业执法人员保护着森林资源①

“一定要阻止,不能让他逃跑!”面对手持铁棍、气势汹汹的违法人员,秀洲区农经局林特站行政执法人员周林泉和徐亚军,不畏强暴,勇敢执法,用他们的行为保护着秀洲区的森林资源。

4 月 23 日凌晨 2 时,和往常一样,区农经局林特站副站长带领 4 名林业执法人员开始了木材巡查工作。5 时左右,当他们巡查到洪新公路路段时,发现了一辆违法运输木材的车辆。于是,副站长和 2 名执法人员留下来处理,周林泉和徐亚军开着执法车继续巡查。大约行使了 400 米,他们两人发现一辆装着满满一车木材的

① 《不畏强暴,勇敢执法 林业执法人员保护着森林资源》,浙江在线网,http://jx. zjol. com. cn/05jx/system/2006/05/17/006624156. shtml,2015-9-30。

农用三轮车正从洪新公路由南向北驶来,于是,徐亚军便举起木检停示牌示意该车停车例行检查。谁知,该车不仅没停,反而加大油门撞向行政执法车,将执法车的后盖保险杠撞坏,随后,农用三轮车才迫不得已停了下来。

当周林泉和徐亚军准备上前检查时,这辆农用三轮车的驾驶员左某就拿起一根铁棍疯狂地向他们扑打过来,致使手无寸铁的周林泉和徐亚军都受了伤,徐亚军见情况不对,马上拨打 110 报警。这时,左某就想开车逃跑。“还没有检查,不能让他将木材带走。”周林泉和徐亚军忍着伤痛,驾着执法车挡住了左某的去路,于是,无路可走的左某气急败坏,却又无可奈何。不久,接到 110 指令的新塍派出所民警赶到了事发现场,将左某带回派出所审查。经查,该车共装运 6 吨来源不明的本地木材。事后,受伤的周林泉和徐亚军被送往嘉兴市中医院检查,周林泉左手尺骨骨折,徐亚军右手虎口肌肉拉伤。

今年同为 35 岁的周林泉和徐亚军,在秀洲区农经局林特站已经工作了 10 多年,像这样的暴力抗法事件已经不是第一次遇到。1999 年,林特站行政执法人员在油车港境内腾油公路,检查到一辆无证运输胶合板的大卡车,被执法人员查到后,该车驾驶员十分嚣张,打电话叫来了一大批人对执法人员拉扯、谩骂。在这次事件中,周林泉的脖子被抓伤。“医生说可能要 3 个多月胳膊才能恢复,我着急啊,林特站工作量大,人手又少,真想快点回到工作岗位上去。”胳膊上还上着夹板的周林泉一脸的真诚。

林业执法人员的工作就像是“游击战”,并且充满了不少的危险性。有时候几天几夜都不能回家,最长的时候一个星期才能和家里人相聚一次。但是,就是这样一份旁人看来辛苦而又危险的工作,在周林泉和徐亚军他们的眼里已经变成了平常事。“一点也不后悔选择了这份工作,也没想过再换工作,以后如果再遇到像这样暴力抗法的事情,我们还会一如既往地与违法人员做斗争。”周林泉和徐亚军微笑着说。

(六)五个"狠抓"推进浙江森林公安执法规范化[1]

全国森林公安机关"五化"建设开展以来,浙江省森林公安机关以积极适应时代发展的新要求、不断满足人民群众的新期待为出发点,以全面提高全市公安机关的执法能力和执法公信力为目标,以派出所功能区改造为突破,以培养民警执法素质为重点,以强化执法监督为抓手,不断优化执法工作机制,扎实推进执法规范化建设。

1.加强组织领导 狠抓方案举措落实

浙江省林业厅专门成立了由厅长楼国华任组长的全省森林公安"五化"建设领导小组。浙江省森林公安局专门组织人员到地方公安机关学习借鉴,并深入基层开展调查研究,全面梳理森林公安机关执法规范化建设存在的问题和薄弱环节,在调研的基础上,制定并出台了《浙江省森林公安机关执法规范化建设推进计划》,下发了《浙江省森林公安机关执法规范化建设工作方案》,提出了加强执法培训、健全执法制度、完善执法监督、加强执法信息平台建设、加强基层基础建设、开展执法示范单位创建等重点任务。

2.规范内部设置 狠抓执法硬件保障

在今年9月底前他们完成了对安吉县森林公安局派出所用房内部设置改造的试点工作,并在11月底前,通过召开现场会的形式,以点带面,整体推进全省森林公安派出所功能区改造工作。要求各单位主动向当地党委、政府和主管部门领导汇报,积极争取有独立的办公用房,统一外观标识与建筑外观形象。对暂无独立办公条件的森林公安机关,一律要求办案场所必须设置在建筑物的一层或负一层。严格按照公安部《公安单警装备配备标准》和执法规范化建设要求,进一步加强基层单位的装备建设和一线民警的

---

① 参见《五个"狠抓"推进浙江森林公安执法规范化》,中国林业新闻网,http://jx.zjol.com.cn/05jx/system/2006/05/17/006624156.shtml,2015-9-30。

装备配备，在有条件的地方，配备一些高科技的办案装备，以提升森林公安机关准确打击犯罪的能力。

3.增强队伍素质 狠抓执法主体提升

他们坚持以“一流的队伍、一流的工作”为目标，以“严格管理、严格教育”为手段，加强执法主体建设，实现了执法工作“要我规范”到“我要规范”的转变。首先，他们在端正执法思想上下功夫，一方面深入开展法治理念教育，要求各地区分管执法领导逢会必讲，不断增强每一名民警的法制观念、法律意识、证据意识、程序意识，不断强化民警执法生命线意识；另一方面选择一批有代表性的正反两方面典型案件开展警示教育，引导民警树立正确执法理念，提高民警理性、平和、文明、规范、公正、廉洁执法的自觉性。其次，他们在苦练执法基本功上下功夫。今年 9 月，全省森林公安系统开展了《森林公安机关办理林业行政处罚案件程序规范》《森林公安机关办理森林刑事案件程序规范》《林业常发案件取证标准》编制竞赛等活动，分所队领导、办案民警、新警、年老民警 4 个层次开展执法基本功培训，提升民警的综合执法素质。

4.健全制度规范 狠抓执法流程管理

他们把制度建设摆到执法规范化建设的突出位置，同时注重执法流程的精细化管理。他们制定了《浙江省森林公安机关案件审核责任制度》和《关于加强森林公安法制队伍建设的实施意见》，细化完善了《浙江省森林公安机关执法质量考核评议实施办法》，协助厅政法处完成《浙江省林业行政处罚裁量实施办法》及《浙江省主要林业行政处罚裁量权实施标准》等规章制度的制定，从各个环节、层次来规范民警的执法行为，确保了各项执法活动有章可循。法律、法规规定的范围内，他们进一步细化制定了一批便于操作、适用性强的流程、规范、制度，明确每项执法活动应达到的具体标准，逐步形成一套切合实际、利于执法、便于操作的执法制度体系，以此来全面规范民警的执勤执法行为。他们全面推广应用网上执法办案操作系统，全面推广运用电子笔录系统，实现行政案件实体证据与案件信息同步上网，逐步推行电子化卷宗。目前，安吉县森林公安机关已在全省率先完成了网上办案(办公)系统建设，并正式投入使用，全省森林公安机关将在安吉的基础上，对该系统进行完善和扩充，力争在2011年6月底前，完成全省森林公安网上办案(办公)系统建设，下半年全面投入使用。

5. 科学监督考评　狠抓执法办案质量

他们制定并印发了《浙江省森林公安机关内部执法监督实施办法》，完善执法过错责任追究机制，把执法问题的整改情况、执法责任的落实情况纳入督察范围，确保执法问题发现在早、处置在小、预警在先，堵塞执法漏洞，有效地预防和减少了严重执法问题的发生。为广辟外部监督渠道，他们在有条件的派出所设立单独信访接待室，办理来信来访；在政府门户平台开设森林公安热线，全时空接受群众监督；从社会各个层面选聘行风监督员，不断提高森林公安队伍的外部形象。为进一步扩大警务公开的范围和层次，他们在保守警务秘密的情况下，通过公开栏、墙报、警务卡片等载体，依法公开执法依据、执法进度、执法结果和执法文书，提高执法工作的透明度，保障案件当事人及其他利害关系人的知情权、参与权、监督权，保证了执法的公平和公正。

三、浙江省森林资源保护司法实践

司法是森林资源保护整体格局的重要环节，司法工作的参与能够使森林资源保护大格局更为健全和完善，森林资源保护大格局中不能缺少司法机关的介入。在实践中，浙江省比较重视森林资源保护司法工作，审理了不少森林资源保护方面的案件。在"浙江法院公开网"上，以"盗伐林木""森林""滥伐"为关键词，可检索到不少民事、行政和刑事案件。

(一) 森林资源保护民事案件

1. "建德市大同镇田畈村经济合作社诉方顺成等林业承包合同纠纷案"

第一，基本案情。方顺成系建德市大同镇田畈村村民，承包有

14.4亩林地经营权,其中位于对面山10亩;翁青妹系方顺成母亲,其名下有2.2亩林地经营权,由方顺成继承,其中位于对面山1.5亩。2005年1月,田畈村经合社将该村205.5亩林地统一流转给洪富潮、陈途发经营,包括方顺成对面山林地11.5亩,经营期限至2015年1月,流转价款22.08万元。2009年1月1日,案涉林地通过公开招标,签订第二次流转经营合同,流转给陈途发经营,流转期限至2028年12月31日,流转价款10万元。现方顺成以自己系案涉林地承包权人,流转经营未经其同意为由,于2015年1月4日诉至法院,请求确认田畈村经合社、陈途发于2009年1月1日签订的大同镇田畈村项目林林权二次流转合同无效并归还28.8亩林地经营权(林权证记载),并赔偿损失30000元,田畈村经合社、陈途发承担本案诉讼费。

第二,裁判结果。本院认为,田畈村经合社将方顺成位于对面山的林地经营权进行流转,但田畈村经合社并未提交有效证据证明其将案涉林地经营权进行流转得到了方顺成的同意。田畈村经合社主张方顺成已经领取了第一轮流转收益,但亦未提交有效证据;方顺成一直居住在田畈村、知道案涉林地经营权流转的事实也不能证明方顺成同意田畈村经合社将案涉林地经营权流转。原审法院认定田畈村经合社与陈途发于2009年1月1日签订的大同镇田畈村项目林林权二次流转合同关于方顺成名下、翁青妹名下位于对面山11.5亩林地经营权流转经营部分无效并判令田畈村经合社、陈途发返还案涉林地经营权,田畈村经合社赔偿方顺成损失,并无不当。至于田畈村经合社应赔偿方顺成损失的数额,本院认为,农村土地承包经营权流转收益归承包方所有,任何组织和个人不得侵占、截留、扣缴。田畈村经合社有关应以流转分配方案中村社员收益部分计算应赔偿方顺成的损失的上诉理由,不能成立。原审法院根据方顺成的主张按照其林地经营权面积占流转经营总面积的比例,流转经营收益与年限折算确定田畈村经合社应赔偿方顺成损失8228元,并无不当。综上,原审判决认定事实清楚,适用法律正确,实体处理并无不当。田畈村经合社的上诉请求本院不予支持。依照《中华人民共和国民事诉讼法》第一百七十条第一款第(一)项之规定,判决如下:驳回上诉,维持原判。

2.“诸暨市火烧吴村经济合作社诉吴文表农业承包合同纠纷案”

第一,基本案情。1995 年 1 月 23 日诸暨市公证处公证了诸暨市双桥镇火烧吴村民委员会与诸暨市双桥镇火烧吴村吴美良于 1994 年 12 月 1 日在诸暨市城关镇签订的《杉树山承包出让合同》,该合同上载明:立合同甲方为双桥镇火烧吴村经济合作社,经村委会研究决定将小溪岭种植的林木基地出让承包给吴美良经营管理,明确双方职责为:总出让承包年限为拾年(即一九九四年十 二月一日至二〇〇四年十一月三十一日止),十年内该山的杉木基地均归乙方经营并允许乙方出售杉木、转让基地。总出让承包金额为拾万元正,在签订合同时一次性付清;小溪岭由一九八四年种植的杉木基地壹块,东至山脚坑溪,南至柴山,西至山岗,北至柴山,及外湾地塔杉树壹块(不包括其他零星杉木)。甲方每年应在元月份前,向上级申请批准 $50m^2$ 以上的采伐证明,并交给乙方,以便乙方砍伐杉木时查存和安排每年收支费用,否则,产生的费用和责任应由甲方负责,审批采伐证的费用由甲方负责支付,但乙方应按有关规定进行砍伐。否则,上级处罚,甲方不负责任;在承包期限内甲方不得以任何理由变更合同条款。若甲方 要提前收回山地,乙方不到年限的损失费由甲方支付如下:(1)留存山上的杉木按当年市场价格和实际数量计价。(2)由甲方支付叁万元金额,作为乙方的损失费。合同订立后,吴美良一直展开经营。2005 年 11 月 17 日,原告从本村村民吴美良处以 33000 元价格受让原吴美良向被告承包的小溪岭杉木林地,2007 年 12 月 20 日浣东街道火烧吴村二委会决定对村小溪岭杉树进行公开招投标,12 月 31 日张成信以每年 6801 元中标取得承包经营权。同日,被告与 原告签署附加协议一份,载明原小溪岭杉树山上的杉树仍归吴文表所有,但吴文表必须在二〇〇八年三月三十一日前全部砍完,原通往杉树山的机耕路属吴文表开通,所以延期的承包款由机耕路抵作。张成信与被告签订了杉树山承包合同一份，承包合同约定：承包地小溪岭杉树山一块，东至山脚坑溪，南至柴山，西至山岗，北至柴山。承包期限为30年，从2007年12月31日起至2037年12月30日止。合同订立后，被告未将承包标的交付。2008年1月8日诸暨市林业局做出诸林许不准字〔2008〕第1号不予行政许可，决定书对被告提出要求采伐小溪岭杉木的申请不予许可。1月24日原告诉讼来院。审理中，因被告提出对行政不予许可异议申请复议，本案中止诉讼。2008年4月28日，被告撤回复议申请。4月29日市人民政府法制办公室通知终止行政复议。2009年4月，原告申请恢复审理。审理中，经原告申请对诉争杉木材积和价值做鉴定。2010年7月浙江省科技咨询中心做出浙科咨中心〔2009〕鉴字第25号司法鉴定书，其结论为：委托鉴定的杉木基地在2008年3月30日时的林木材积为128立方米，其中杉木材积为120立方米，擦树木材材积为8立方米。2010年10月，诸暨市价格认证中心做出诸市价认〔2010〕经字第45号价格认证结论书，结论为杉木(胸径为10cm)活立木价格427元；擦树(胸径14.9cm)活立木价格405元。庭审中，原告变更诉讼请求为要求被告支付木材折价款54480元及支付勘察设计费500元，并承担鉴定费和诉讼费。案经庭审，因被告不同意调解，致本案无法调解。

第二，裁判结果。本院认为，上诉人与吴美良签订的承包合同虽依照合同的约定于2004年11月30日到期，但2007年12月31日的《附加协议》上诉人同意讼争杉树权益归被上诉人所有，延期承包款由机耕路抵作。由于上诉人与被上诉人间没有签订书面的承包合同，结合被上诉人与吴美良间转让合同关系存在及讼争山林于2007年12月20日重新招标的事实，据此可以确认：一、上诉人知道吴美良将山林承包权益转让给被上诉人；二、上诉人同意将山林经营权承包给被上诉人，合同权利义务与吴美良相同，上诉人与被上诉人间建立了承包合同关系；三、被上诉人支付了承包期的承包款。上诉人与被上诉人间的民事行为不违反国家的强制性法律规范，应认定有效。因此，被上诉人主张合同权利符合法律规定，一审法院支持并无不当。上诉人认为《附加协议》无效缺乏法律依据，其上诉请求本院不予支持。关于一审案件是否属于人民法院主管的问题。本案争议的是山林承包权益，是承包合同的确定及履行问题，属于人民法院民事案件受理范围。综上所述，一审法院认定事实清楚，适用法律正确，判决得当，应予维持，依照《中华人民共和国民事诉讼法》第一百五十三条第一款第（一）项之规定，本院判决如下：驳回上诉，维持原判。

第三，典型意义。林业承包纠纷案件涉及面广、人多，社会影响大，处理不好容易引起群体性事件的发生，影响社会稳定。法院在审理该类案件时非常慎重，面对的压力也很大。要加强对广大农村的干部和村民的法律、法规的宣传和学习的力度，提高他们的法律意识，特别要普及《中华人民共和国农村土地承包法》、最高人民法院《关于审理农村土地承包纠纷案件适用法律若干问题的解释规定》，让每一位村干部和村民熟悉法律和解释的原则与程序，使纠纷消灭在萌芽状态。

（二）森林资源行政案件

1."新曙光起诉三门县国土资源局、浙江省矿业权交易中心撤销矿业权交易确认书案"

第一，基本案情。浙江省台州市白象山是延伸到海面上的一座小岛，三面环海，山上的林地绿意盎然，是海防基干林带。山上1100亩林木被列入国家级生态公益林。然而，白象山的采矿权却被公开拍卖。2013年12月10日，三门县国土资源局委托浙江省矿业权交易中心（以下简称交易中心）对三门县沿赤乡沿江村白象山建筑用石料矿采矿权进行招拍挂，约定挂牌期间为2014年1月2日至1月15日。新曙光进入交易中心网上交易系统后下载了全部拍卖出让文件，新曙光法定代表人陈福根看好这个项目，为参与竞拍做了各种准备。1月10日，三门县国土资源局通过网上系统向各竞买人发布了告知书。告知书上明确说明"三门县沿赤乡白象山矿区属国家三级公益林地块"。但是，据陈福根所述，在拍卖之前并不知道白象山是国家三级公益林。据了解，当时曾有20多家企业参与竞拍，每个竞拍人都必须缴纳3600万保证金。采矿权经过了275轮网上竞价，2014年1月15日，新曙光以8.02亿元的最高价竞得。2014年1月22日，新曙光与三门县国土资源局、交易中心签订《采矿权网上挂牌出让成交确认书》，据陈福根表示，此时新曙光才知道矿区林地属于国家公益林。他经过多方咨询得到的结论都是"国家公益林不准采石开矿"。新曙光以竞拍标的物涉及国家公益林，尚未取得公益林开发许可等为由，拒绝签订《浙江省采矿权有偿出让合同》。

3月18日，新曙光却被交易中心通知取消了采矿权的竞得资格，其缴纳的交易保证金3600万不予返还。陈福根十分委屈，认为三门县国土资源局在国家公益林上开设采矿权本身就是违法，自己退出合理合法。他多次与当地政府相关部门、三门县政府沟通无果。2014年9月，新曙光起诉三门县国土资源局、浙江省矿业权交易中心，认为交易中心和三门国土资源局签订的矿业权交易确认书违法，要求撤销，并提出了返还保证金及利息等行政赔偿请求。

第二，裁判结果。案件由临海市人民法院审理。2014年12月8日，临海市人民法院做出判决驳回"浙江新曙光建设有限公司诉讼请求"。新曙光不服一审判决，向台州市中级人民法院提起上诉。2015年3月5日，台州市中级人民法院判决，"驳回上诉，维持原判"。一审经临海市法院审理并判定，"关于白象山采矿权的设定符合三门矿产资源规划要求，且已征得省国土资源厅批准许可；采矿权涉及的国家三级公益林在招拍挂前已经征得三门县林业特产局意见，林业特产局回复：可调整规划，并按相关程序审批；国家三级公益林的征占用，法律法规没有强制性禁止规定，可以审批；竞得人取得矿权资格后再向林业部门提出申请取得林地征占用许可。"

2."吴宗勉诉龙泉市小梅镇人民政府山林纠纷处理决定案"

第一，基本案情。龙泉市小梅镇人民政府于2014年12月12

日做出的梅政〔2014〕山决字第1号关于小梅镇高际头村山林纠纷处理决定中,将高土户底写成高坞底。1981年11月4日原龙泉县小梅公社高际头生产大队二生产队与原龙泉县小梅公社垟岙头生产大队签订山林权属调整协议书,小梅公社高际头生产大队二生产队从小梅公社垟岙头生产大队调换取得:东至田,南至塆,西至柳盛文,北至岗,面积三亩的土名“黄弄高土户底”山片。1983年10月10日的小梅公社高际头大队第二队林业责任制林业责任山分户登记有编号005的吴宗勉高土户底山片责任山四至东岗分水垚四队山,南田,西塆,北岗顶面积1.5亩的责任山。刘尚平的编号013、刘淳生(系刘鑫之父)的编号014小梅公社高际头大队第弍队林业责任制林业责任山分户登记均无涉高土户的责任山的登记。吴宗勉的从1990年10月10日的龙林字020690号责任山承包合同至2006年9月20日的龙林证字〔2006〕第0609027号林权证记载的土名黄弄高土户底的四至均为:东至大垚四队大塆,南至田,西至塆,北至岗顶直下塆梅树,面积1.5亩。2014年7月4日原告吴宗勉向被告龙泉市小梅镇人民政府报告请求解决高土户底山林纠纷。2014年12月12日,被告龙泉市小梅镇人民政府做出了关于小梅镇高际头村山林纠纷处理的决定,吴宗勉不服被告做出的该决定,向龙泉市人民政府申请行政复议。龙泉市人民政府于2015年3月31日做出的龙政复决〔2015〕第2号行政复议决定,维持了被告做出的小梅镇高际头村山林纠纷处理的决定。吴宗勉不服,向法院提起行政诉讼。

第二,裁判结果。根据《中华人民共和国森林法》第十七条的规定,被告具有依法履行处理对原告申请的要求处理与两第三人之间的属个人之间林地使用权争议的法定职责。本案涉土名“高土户底”山片面积叁亩的林地所有权归属无争议,争议的焦点是对涉土名“高土户底”山片面积叁亩的林地使用权归属的问题。结合本案从原告吴宗勉的1983年10月10日小梅公社高际头大队第二队高土户底1.5亩责任山登记,到1990年10月10日的龙林字020690号责任山承包合同及2006年9月20日的龙林证字〔2006〕

第0609027号林权证记载的吴宗勉在土名黄弄高土户底的林地使用权的四至范围及面积延变过程，虽有涉高土户底东、北至描述的变化，但吴宗勉的涉高土户底的1.5亩面积一直未变。为此，依照《中华人民共和国行政诉讼法》第六十九条之规定，判决如下：驳回原告吴宗勉要求撤销被告龙泉市小梅镇人民政府于2014年12月12日做出的梅政〔2014〕山决字第1号关于小梅镇高际头村山林纠纷处理的决定的诉讼请求。

第三，典型意义。政府在山林权属纠纷案中以调解者的身份出现，调解是一种社会公共职能，以服务人民为宗旨，对调解不成的案件，按尊重历史，注重事实的原则把山林权属依法裁决。但因案情的复杂性和现行法律规定的局限性，政府在收集相关证据的过程中难度大，裁决困难，难以达到双方都满意的理想效果。只要有一方对裁决不服，政府将花费大量的人力、物力和财力在案件上，直到案件的终结；有时还会引起一方当事人聚众到政府上访，具体工作人员还会遭到不服裁决一方村民的围攻。很多山林纠纷案件政府想作为而不敢为，导致基层矛盾不断积累，基层纠纷出现多年不调的现象，严重影响了农村社会稳定和农村社会经济的发展，更加不利于森林资源的保护。

（三）森林资源保护刑事案件

截至2015年9月29日，在“浙江法院公开网”的“裁判文书”页面，以“盗伐滥伐”为关键词，可检索到刑事案件327件。

1.“沈某甲盗伐林木案”

第一，基本案情。2014年11月至12月期间，被告人沈某甲以做香菇需要木材为由，未经办理砍伐许可手续，擅自窜至庆元县松源街道岙后村“岙后岙外山”山场内采伐该村第三村民小组集体山林木。经鉴定，被告人沈某甲在山场内采伐阔叶树共计648株，立木蓄积19.3139立方米。2015年3月12日，被告人沈某甲主动到公安机关投案自首。

第二，裁判结果。法院认为，被告人沈某甲以非法占有为目的，盗伐他人林木，计立木蓄积19.3139立方米，数量较大，其行为已构成盗伐林木罪。公诉机关指控被告人的犯罪事实清楚，证据确实、充分，罪名成立，予以确认。案发后，被告人沈某甲主动投案，并如实供述自己的犯罪事实，是自首，并退还赃物，可从轻处罚。根据被告人沈某甲的犯罪情节和悔罪表现，符合宣告缓刑的条件，对其可适用缓刑。据此，依照《中华人民共和国刑法》第三百四十五条第一款、第六十七条第一款、第七十二条第一款、第三款、第七十三条第二款、第三款、第六十四条，最高人民法院《关于审理破坏森林资源刑事案件具体应用法律若干问题的解释》第三条第(一)项、第四条的规定，判决如下：一、被告人沈某甲犯盗伐林木罪，判处有期徒刑一年零三个月，缓刑一年零六个月，并处罚金人民币8000元(缓刑考验期限，从判决确定之日起计算；罚金限本判决生效后十五日内缴纳)；二、被告人沈某甲盗伐的林木，返还受害人(已返还)。

2.“林某甲失火案”

第一，基本案情。2015年2月13日13时许，被告人林某甲到青田县方山乡山根自然村“白头岩”附近的自家田地里，准备整理荒田用于种菜。后被告人林某甲在田地内用自带的打火机点燃干茅草时，未采取防火措施致使火势蔓延到附近的山场上，引发了森林火灾。经青田县侨声林业调查规划设计所鉴定：本次森林火灾共烧毁有林地面积97亩，造成直接经济损失人民币5135元。2015年2月16日下午，被告人林某甲在家中被公安机关抓获。

第二，裁判结果。法院认为，被告人林某甲违反林区禁止用火规定，用点燃干茅草的方式开辟荒田，未采取防火措施以致引发山林火灾，烧毁有林地97亩，造成经济损失5135元，其行为已构成失火罪，但情节较轻。公诉机关指控的罪名成立，适用法律正确，应予以支持。被告人林某甲案发时年满七十五周岁，依法从轻处罚；被告人案发后能够如实供述自己的犯罪事实，认罪态度较好，可以从轻处罚。为保护森林资源不受非法侵害，依照《中华人民共和国刑法》第一百一十五条第二款、第十七条之一、第六十七条第三款、

第七十二条、第七十三条第二款、第三款之规定，判决如下：被告人林某甲犯失火罪，判处有期徒刑八个月，缓刑一年（缓刑考验期限从判决确定之日起计算）。

第三，典型意义。本案反映出部分群众长期以来受“靠山吃山”、“失手烧山不是大罪”、生产生活用火时过于相信经验或者疏忽大意等思想的影响，部分群众特别是身处乡镇村组的群众环境保护和山林防火意识比较淡薄，仍缺乏基本的用火、防火及灭火知识。这些问题仍需要有关部门加大环境保护、山林防火护林宣传和法律法规宣传教育，积极建立完善山林保护、火灾预警、火灾施救等机制，防止森林防火护林工作陷入了“灭一起发一起，同样的失火原因重复出现”的怪圈，切实保护森林资源和环境绿化，以构建人与自然共处之和谐社会。

后　记

建设美丽浙江 创造美好生活 先行先试推进

山清水秀，碧海蓝天，土净景美，人善人和是我们每一个中国人对美好生活的憧憬与期盼。浙江，一个充满阳光和力量的省份，一个洒满花草与欢笑的省份，一个充满爱的省份。

改革开放35年来，浙江人民在伟大的现代化实践中，以自己的聪明才智和辛勤劳动在地域小省、资源小省、环境容量小省的条件下创造了巨大的财富，取得了举世瞩目的经济社会发展成就。总体上可以用“四高”来概括浙江的发展模式，就是成本的高投入、资源的高消耗、污染的高排放和经济的高产出。但是这种文明模式，在人与自然关系上，以机械的征服论自然观为出发点，虽然弘扬了人类改造自然的能力，促进了生产力的发展，但也破坏了人与自然的和谐统一，导致了人与自然的分裂对立，造成资源短缺、生态破坏，尤其是环境恶化，引发了生态环境危机，导致经济社会发展的不可持续性。人民群众在拥有摩天大厦、机动车和各类高档电器的同时，也面临着诸如大气污染、水污染、噪声污染、土壤贫瘠化、水资源短缺、能源枯竭、生物多样性减少等一系列生态环境问题。

浙江人痛定思痛，在2014年5月22日至23日召开的中共浙江省委十三届五次全会第一次全体会议上，审议通过《中共浙江省委关于建设美丽浙江创造美好生活的决定》。省委书记夏宝龙同志表示，从“绿色浙江”“生态浙江”到“美丽浙江”，生态文明建设十余年，都是坚持把“法治浙江”这张蓝图绘到底，深入实施“八八战略”，不断深化生态省建设，促使全省环境质量稳中向好。我们要通过法治的力量破解危机。

在“水清战略”护航五水共治中,我们要提高法规文件的可操作性,完善水污染防治行政监管体制的规定,加大对违法行为的处罚力度以及完善公众参与水污染防治的规定。用“天蓝战略”破解“十面霾伏”中,我们要完善大气污染防治监督制度,完善信息公开和公众参与制度以及完善企业法律责任制度。用“山绿战略”打造金山银山中,我们要改进森林立法的调研工作,完善专家参与森林的立法工作,提升森林立法工作者队伍建设,提高森林立法质量,突出森林地方立法特色以及推进森林立法公开。

有天蓝、水清、山绿、地净的美好家园,是每个中国人的梦想,是中华民族伟大复兴中国梦的重要组成部分。美丽中国是这一美好愿景的重要载体。美丽浙江是美丽中国的有机组成部分,既体现为生产集约高效、生活宜居适度、生态山清水秀,也体现为百姓生活富足、人文精神彰显、社会和谐稳定,这些都包含在人民对美好生活的向往之中。总之,在实现两美浙江建设的理想目标中,必须处理好经济发展与生态文明的关系,加强环境法治,注重生态环境保护,坚持走生产发展、生活富裕生态良好的文明发展道路,使人民在良好生态环境中生产、生活,实现人与自然和谐相处和经济社会永续发展。

本书稿依“绿色浙江、两美浙江”的建设及其环境法治保障的逻辑主线而构思、成型。在此期间,课题组受到浙江省社科联及相关领导的大力支持,在提纲上进行了充分的讨论,浙江省环保厅的虞伟先生、科技厅的陶伯进先生为书稿的撰写提供了很好的指导性建议,黄秀蓉、张程、汪强在本书稿的撰写与资料收集中做了大量的工作,在此一并致谢!浙江作为先发地区,环境与经济的利益平衡、协调、双赢等问题的思考与实践也必然会在全国率先生发;其必然也是美丽中国、生态文明中国战略途径的重要先发与前沿试验田。相信浙江作为先行实践与试验的一个重要主体,其在我国当前生态文明进一步演进、生态文明体制机制改革如火如荼推进的背景下,浙江的“先行先试”必将成为区域可持续、高层次、高品质发展的重要财富,从而彰显示范意义!无论是其中成功的经验还是暂时失败的教训，生态文明中国的建设需要而且势必是从我国一个个地方的区域可持续发展开始，浙江无疑就是其中的重要一站。浙江的区域可持续发展秉承“根植于浙江本土、经验财富归属于全国”的高层次基点，其中有关“区域发展的理念、战略、规划及具体对策设计”等一系列理论与实践变革，正在“可持续层面”得以先行发生，并在进一步推进中走向深入。

作 者

2015 年 12 月